Sonderdruck
edition suhrkamp

Peter Sloterdijk

Die Verachtung der Massen

Versuch über Kulturkämpfe in der modernen Gesellschaft

Suhrkamp

11. Auflage 2025

Erste Auflage 2000
edition suhrkamp
Sonderdruck
Originalausgabe

Umschlag gestaltet nach einem Konzept
von Willy Fleckhaus: Rolf Staudt
Druck: Libri Plureos GmbH, Hamburg
Printed in Germany
ISBN 978-3-518-06597-6

Suhrkamp Verlag AG
Torstraße 44, 10119 Berlin
info@suhrkamp.de
www.suhrkamp.de

Eine ebenso rätselhafte wie universale Erscheinung ist die Masse, die plötzlich da ist, wo vorher nichts war. Einige wenige Leute mögen beisammen gestanden haben, fünf oder zehn oder zwölf, nicht mehr. Nichts ist angekündigt, nichts erwartet worden. Plötzlich ist alles schwarz von Menschen.

Elias Canetti, *Masse und Macht*[1]

1 Neuausgabe 1978, S. 14.

Inhalt

I

Zahlreiche Autoren dieses Jahrhunderts, auch solche ersten Ranges, haben den Eintritt der Massen in die Geschichte den Signaturen unseres Zeitalters zugerechnet. Dies geschah auf dem Grund von guten Einsichten, gestützt auf den suggestivsten philosophischen Gedanken, den die jüngeren Jahrhunderte zu fassen vermochten. Was Hegel als sein logisches Programm ausgegeben hatte: die Substanz als Subjekt zu entwickeln, erwies sich zugleich als die machtvollste politische Maxime der Epoche, die noch immer die unsere zu sein scheint – die Masse als Subjekt zu entfalten. Sie gibt dem, was an der Moderne Projekt sein mag, den politischen Inhalt vor. Aus ihm leiten das nationalistische Zeitalter, das für uns Vergangenheit ist, wie auch die sozialdemokratische Ära, in der wir als Bürger ohne Alternative leben, ihre dirigierenden Ideen her. Für beide Zeiten gilt das Motiv, dafür zu sorgen, daß alle Macht und alle gültigen Ausdrucksformen von den Vielen ausgehen.

Wenn die Masse Subjekt wird und einen Willen sowie eine Geschichte bekommt, so endet das Weltalter der idealistischen Herablassung, in dem die Form den Stoff nach ihrem Belieben prägen zu können glaubte. Sobald die Masse einer eigenen Subjektivität oder Souveränität für fähig gehalten wird, dringen die metaphysischen Privilegien des Herrn, Wille, Wissen und Seele, ein in das, was vormals bloßer Stoff zu sein schien, und verleihen dem unterworfenen und verkannten Teil Ansprüche auf die Würden der anderen

Seite. Das große Thema der Neuzeit, Emanzipation, umspannt alles, was in den alten Logiken und alten Herrschaftsverhältnissen das Untere und Andere hieß, den naturalen Stoff kaum anders als die menschliche Menge. Was verfügbares Material war, soll freie Form werden; was in Diensten aufging, soll sich als sein eigener Zweck erfassen. Allein der Umstand, daß die moderne, aktivierte und subjektivierte Menge weiterhin hartnäckig Masse genannt wird, von ihren Fürsprechern wie von ihren Verächtern, deutet darauf hin, daß der Aufstieg der größten Zahl zur Souveränität als ein unvollendeter, vielleicht unvollendbarer Prozeß wahrgenommen werden kann. Die Entwicklung der Substanz als Subjekt vollzieht sich leichter in Hegels Prosa als in den Straßen und Vorstädten neuzeitlicher Metropolen.

Unter den großen Autoren der Moderne gibt es, wenn ich recht sehe, nur einen einzigen, der den Aufschwung der Masse und ihren Einbruch in die Geschichte ganz ohne fortschrittsphilosophische Verklärungen und ohne junghegelianischen Aufstiegsaberglauben ins Visier genommen hat – ich spreche von Elias Canetti, den man in Analogie zu George Steiner, der sich als einen platonischen Anarchisten bezeichnete, einen Anarchisten des anthropologischen Denkens nennen könnte. Ihm ist das härteste und ideenreichste gesellschafts- und menschenkundliche Buch in diesem Jahrhundert zu verdanken, *Masse und Macht*, ein Werk, das die meisten Soziologen und Sozialphilosophen seit seinem Erscheinen im Jahr 1960 beargwöhnen, mißachten und verschweigen, weil es auf der Weigerung beruht, zu tun, was Soziologen *ex officio* und nahezu ohne Ausnahme leisten, nämlich der aktuellen Gesellschaft, ihrem Objekt, das zugleich ihr Mandant ist, unter Formen der Kritik zu schmeicheln. Canettis Stärke ist seine gleichbleibende Ungefälligkeit, die in der Fähigkeit gründet, seine Schlüsselerfahrung von der Gesellschaft als gewalttätig aktivierter Masse über Jahrzehnte hinweg immer wieder von neuem heraufzurufen. Im Jahr 1927 war der Zweiundzwanzigjährige in einen Wiener Arbeiteraufstand geraten und hatte miterlebt, wie sich die Energie der entladungssüchtig auflodernden Menge beim Brand des Justizpalastes austobte. Von da an war das Thema in ihm virulent, das sich im Titel seines späten Werks ausspricht, jene unvergeßliche Intuition in die Kinetik kollektiver Erregungen, die er am eigenen Leib mitgerissen verspürt hatte. In seinem Geständnis: »Ich wurde zu einem Teil der Masse« drückt sich das Bewußtsein aus, zur Rechenschaft über dieses beschämende und erleuchtende Erlebnis verpflichtet zu sein. Wir dürfen die Vermutung wagen, daß das Buch seinen Titel trägt, weil der Autor darauf verzichtet hat, es unmittelbar nach seinen persönlichen Erfahrungen zu benennen, denn hätte er diesen Weg gewählt, so hätte sein Werk Masse und Auflauf, Masse und Explosion, Masse und Mitgerissenheit heißen müssen. Ihn ihm wird gleichwohl wie nirgendwo sonst das sozialpsychologische Grundthema des 20. Jahrhunderts deutlich, welches lautet: Mitgerissenheit durch das Schlechte und Falsche. Ohne diese Formel läßt sich nicht sagen, welche Risiken es sind, die am Masse-Sein haften. Mochte Marx doziert haben, daß alle Kritik mit der Kritik der Religion beginne – von Canetti bleibt zu lernen, daß die Kritik nicht wirklich vorankommt, wenn sie nicht in eine Unterscheidung der Mitgerissenheiten oder in eine Sortierung der guten und schlechten Hingaben mündet.

Canettis Phänomenologie des Massengeistes folgt in ihren ersten Schritten allem Anschein nach dem junghegelianischen Epochenprogramm, die Masse als Subjekt zu entwickeln; sie erkennt in der Kristallisation der Masse die Entstehung eines machtvollen und nicht geheuren Akteurs auf der politischen Bühne. Die Gewißheit, daß dem Drama der ermächtigten Masse die größten Zukunftsanteile gehören, macht ihre Untersuchung unausweichlich. Von Anfang an mischt sich in Canettis Beobachtungen die Einsicht in den unüberwindlich trägen und undurchsichtigen Charakter dieser Subjektbildung.

> »Einige wenige Leute mögen beisammen gestanden haben, fünf oder zehn oder zwölf, nicht mehr. Nichts ist angekündigt, nichts erwartet worden. Plötzlich ist alles schwarz von Menschen.«

Canetti scheint zu wissen, daß er mit einer Formulierung wie dieser die Schranken des soziologisch Üblichen und Willkommenen überschritten hat, denn jede von der Öffentlichkeit angestellte Theorie der Gesellschaft, zumal wenn sie sich als kritische ausgibt, ist angewiesen, von allem möglichen zu reden, nur nicht von diesem Skandal der Gesellschaft als Auflauf, vom Skandal der Menschenschwärze. Im Festhalten an dieser verpönten Evidenz gibt Canettis Beschreibungskunst ihr Bestes. Wo alles schwarz von Menschen ist, dort enthüllt sich das Wesen der Masse als purer Sog. Die Bahn des Sogs führt nach unten und zur Mitte.

> »Viele wissen nicht, was geschehen ist, sie haben auf Fragen nichts zu sagen, doch haben sie es eilig,

dort zu sein, wo die meisten sind ... Die Bewegung der einen, meint man, teilt sich den anderen mit, aber das allein ist es nicht: sie haben ein Ziel. Es ist da, bevor sie Worte dafür gefunden haben: das Ziel ist das schwärzeste – der Ort, wo die meisten Menschen beisammen sind.«

Plötzlich alles schwarz von Menschen: Für jeden, dem die Sache der Emanzipationen, die Erhebung der Massen in den Subjektrang, am Herzen liegt, ereignet sich in dieser Formulierung ein peinlich nachhallender Affront. In diesem Ausdruck kollabiert die vernunftromantische Vision vom demokratischen Subjekt, das wissen könnte, was es will; der Traum vom selbsttransparenten Kollektiv ist verflogen, das sozialphilosophische Phantasma von einer Umarmung zwischen Weltgeist und Kollektiv zerschellt an einem Block aus unauflöslicher Dunkelheit: Menschenschwärze. Canettis Intuition hebt böse und deutlich den Umstand hervor, daß schon in der ersten Konstitution des Massensubjekts die opaken Motive überwiegen. Denn in der Masse versammeln sich die erregten Einzelnen nicht zu dem, was die Diskussionsmythologie ein Publikum nennt – vielmehr verdichten sie sich zu einem Fleck, sie bilden Menschen-Kleckse, sie strömen zu dem Ort, wo es am schwärzesten ist von ihnen selbst. Der Ansatz beim Menschenauflauf zeigt, daß es schon in der Urszene der kollektiven Ichbildung ein Zuviel an Menschenstoff gibt und daß die noble Idee, die Masse als Subjekt zu entwickeln, von diesem Überschuß *a priori* sabotiert wird. Der Ausdruck Masse gerät in Canettis Darlegungen zu einem Terminus, der die Blockierung der Subjektwerdung im Augenblick ihres Vollzugs selbst artikuliert – weswegen die Masse, als Auflaufmasse verstanden, nie anders als im Zustand der Pseudoemanzipation und der Halbsubjektivität angetroffen werden kann – als ein vages, labiles, entdifferenziertes, von Nachahmungsflüssen und epidemischen Erregungen gesteuertes, weiblich-faunisches[2], präexplosives Etwas, das in seinem realen Befund große Ähnlichkeiten aufweist mit den Portraits, die die Altmeister der Massenpsychologie, Gabriel Tarde, Gustave Le Bon, Sigmund Freud von ihm gezeichnet haben.

Auch Canetti versäumt es nicht, den regressiven Charakter der Massenkristallisation hervorzuheben: Er betont, daß in den bürgerlichen Situationen ein unerbittliches System der Ich-Abstände die Einzelnen voneinander isoliert und jeden für sich in die einsame Anspannung des Selbst-Sein-Müssens einweist. »Keiner kann in die Nähe, keiner in die Höhe des anderen.«[3] Im Auflauf hingegen fallen die Distanzen. Wo das Menschenschwarz am dichtesten ist, dort beginnt der Sog einer wunderträchtigen Enthemmung zu wirken. Die Auflaufmasse lebt, wie unser Autor bezeugen kann, aus ihrem Willen zur Entladung:

> »Nur alle zusammen können sich von ihren Distanzlasten befreien. Genau das ist es, was in der Masse geschieht. In der *Entladung* werden die Trennungen abgeworfen und alle fühlen sich *gleich.* In dieser Dichte, da kaum Platz zwischen ihnen ist, ist einer dem anderen so nahe wie sich selbst. Ungeheuer ist die *Erleichterung* darüber. Um dieses glücklichen Augenblickes willen, da

2 Nach einer Charakterisierung von Tarde.
3 Masse und Macht, S. 16.

keiner *mehr*, keiner besser ist als der andere, werden die Menschen zur Masse.«[4]

Es scheint nützlich, notwendig und aktuell, an diese so peinliche wie heterodoxe Ableitung des Egalitarismus zu erinnern – nützlich, weil sie sich dem individualistischen Konsensus der herrschenden Kommunikations- und Schmeichelsoziologie entzieht, und notwendig, weil sie das Gleichheitsmotiv nicht von der Gleichberechtigung aller her denkt, sondern vom gleichzeitigen Sichgehenlassen der meisten – eine Option, die in scharfem Kontrast steht zu den Routinen des juridischen *juste milieu*-Denkens, das zur Zeit mehr denn je die Diskurse der akademischen Moralphilosophien infiltriert und zunehmend auch die Beziehungen zwischen den Individuen sowie deren Reflexe in den Medien überformt.
Plötzlich ist alles schwarz von Menschen. Meine Damen und Herren, mir entgeht nicht, daß an dieser Wendung ein Ton mitschwingt, der – wenn er auch noch nicht anachronistisch ist – doch nicht mehr ganz von heute stammt. Die Redewendung, von der Canetti Gebrauch macht, hat eine Patina angesetzt, weil sie auf eine Phase der sozialen Modernisierung Bezug nimmt, in der das neue Massensubjekt, gleichgültig ob man es das Volk nennt oder den Pöbel oder das Proletariat oder die Öffentlichkeit, sich noch aktuell versammeln kann und als anwesende Menge vor sich selbst in Erscheinung tritt – mit einem eigentümlichen Ton, einer eigentümlichen Erregung und einer eigentümlichen Tat. Alles schwarz von Menschen – diese Redefigur gehört zu dem Zeitalter der Auflaufmassen, oder, wie man auch sagen könnte, der Ver-

4 Masse und Macht, S. 17.

sammlungs- und der Präsenzmassen, deren Charakteristikum darin besteht, daß große Zahlen von Menschen, Tausende, Zehntausende, Hunderttausende, im äußersten Fall Millionen, sich selbst als eine versammlungsfähige Größe erleben, indem sie an einem Ort, der sie alle faßt, zusammenströmen und in diesem massiven Konvent eine ungeheure Selbsterfahrung als wollendes, forderndes, wortergreifendes, gewalt-emanierendes Kollektiv gewinnen. Es ist Canettis Verdienst, dieses Stadium der Modernisierung theoretisch fixiert zu haben, in dem die Erscheinung der versammlungsfähigen Menge vor sich selbst und für sich selbst zu den Schlüsselszenen des modernen psychopolitischen Raums gehörte.

Wenn wir an seinen Analysen einen Aspekt wahrnehmen, dem wir keine ganz zeitgenössischen Züge mehr zusprechen können, dann ist der Grund hierfür vor allem in dem Umstand zu suchen, daß in dem halben Jahrhundert, das zwischen der Konzeption von *Masse und Macht* und der Gegenwart verflossen ist, eine radikale Verwandlung der modernen Gesellschaften stattgefunden hat, die ihren Aggregatzustand als organisierte Vielheit von Grund auf modifiziert. Die aktuellen Massen haben im wesentlichen aufgehört, Versammlungs- und Auflaufmassen zu sein; sie sind in ein Regime eingetreten, in dem der Massencharakter nicht mehr im physischen Konvent, sondern in der Teilnahme an Programmen von Massenmedien zum Ausdruck kommt. Darum »wimmeln« die Vielen nicht mehr, »noch fluten sie frei«[5]. Sie haben sich durch eine Art »Kristallisation« von dem Zustand entfernt, in dem ihre Zusammenballung eine ständig drohende oder vielversprechende Mög-

5 Hans Freyer, Theorie des gegenwärtigen Zeitalters, Stuttgart 1955, S. 224.

lichkeit war. Aus der Auflaufmasse ist eine programmbezogene Masse geworden – und diese hat sich definitionsgemäß von der physischen Versammlung an einem allgemeinsamen Ort emanzipiert. In ihr ist man als Individuum Masse. Man ist jetzt Masse, ohne die anderen zu sehen. Die Folge davon ist, daß sich die heutigen, wenn man so will: die postmodernen Gesellschaften nicht mehr primär an Körpererfahrungen ihrer selbst orientieren, sondern sich nur über massenmediale Symbole, über Diskurse, Moden, Programme und Prominenzen selbst beobachten. Hierin hat der Massenindividualismus[6] unserer Epoche seinen systemischen Grund. Er ist der Reflex dessen, daß man heute mehr als je zuvor Masse ist, auch ohne sich als solche zu versammeln. Um an den Sozialpsychologen David Riesman zu erinnern: *the lonely crowd* – das sind stets die aus dem kollektiven Körper herausgelösten, von Medienkraftfeldern umschlossenen Einzelnen in ihrer unübersehbaren Vielzahl. Sie bilden in ihrer »organisierten Verlassenheit« – wie Hannah Arendt die sozialpsychologische Ausgangslage der totalitären Überwältigungen nannte – den Rohstoff zu allen einstigen und künftigen Experimenten totalitärer und medialer Herrschaft.

Die unversammelte und unversammelbare Masse in der postmodernen Gesellschaft besitzt darum kein Eigenkörper- und kein Eigenraum-Gefühl mehr; sie sieht sich selbst nicht mehr zusammenströmen und agieren, sie spürt ihre pulsierende Physis nicht mehr; sie bringt keinen gemeinsamen Aufschrei mehr hervor. Sie entfernt sich immer mehr von der Möglichkeit, aus ihren praktisch-trägen Routinen in eine re-

6 Dieser Ausdruck kommt schon 1924 bei Werner Sombart in: Der Proletarische Sozialismus, Bd. 2, S. 103 vor.

volutionäre Zuspitzung überzugehen. Ihr Zustand entspricht dem eines gasförmigen Aggregats, dessen Partikel je für sich in eigenen Räumen oszillieren, mit jeweils eigenen Ladungen an Wunschkraft und vorpolitischer Negativität, und jedes für sich vor den Programmempfängern ausharrend, immer von neuem dem einsamen Versuch gewidmet, sich zu erhöhen oder zu amüsieren. Mit jedem Jahrzehnt, das die neue Masse in diesem ihrem »zerlegten« oder desaggregierten Zustand verbringt, verliert sie weiter jeden Sinn für die impulsive, infektiös aufwallende und panisch-mitreißende Seite des Daseins in Ensembles, die nach Millionen und Abermillionen zählen. Doch treten an solchen Millionen aus Einzelnen, recht betrachtet, bis zuletzt mehr die gemeinsamen als die individuellen Züge hervor, auch wenn sie sich nie zur akuten Masse zusammenballen und selbst noch dann, wenn jeder einzelne vom Gefühl seiner Einzigkeit und seiner Distanz zu allen anderen durchdrungen bliebe. Bei Massen, die nicht mehr als aktuell versammelte zusammenkommen, liegt es nahe, daß ihnen mit der Zeit das Bewußtsein ihrer politischen Potenz verlorengeht. Sie empfinden das Gefühl ihrer Schlagkraft, den Rausch ihres Zusammenströmens und ihrer Vollmacht, zu fordern und zu stürmen, nicht mehr so wie damals in den Hochzeiten der Aufläufe und Aufmärsche. Die postmoderne Masse ist Masse ohne Potential, eine Summe aus Mikroanarchismen und Einsamkeiten, die sich kaum noch erinnert an die Zeit, in der sie – angereizt und zu sich gebracht durch ihre Vorsprecher und Generalsekretäre – als ausdrucksschwangeres Kollektiv Geschichte machen wollte und sollte.

Was Canetti über Menschenschwärze weiß, dieser gefährliche Fundus an Einsichten über Auflauf und Entladung, über Hetze und Mitgerissenwerden, über Wachstum und Paranoia – all das wäre heute umzuformulieren in eine Untersuchung über die Teilnahme zahlloser Einzelner an Massenmedienprogrammen. Die durchmediatisierte Gesellschaft vibriert in einem Zustand, in dem die Millionen nicht mehr als aktuell versammelte Totalität, nicht mehr als konspiratives, zusammenströmendes und losbrechendes Kollektivlebewesen schwarz, dicht, heftig in Erscheinung treten können. Vielmehr erlebt sich heute die Masse selbst nur noch in ihren Partikeln, den Individuen, die sich als Elementarteilchen einer unsichtbaren Gemeinheit genau den Programmen hingeben, in denen ihre Massenhaftigkeit und Gemeinheit vorausgesetzt wird. Die Mehrheit der zeitgenössischen Soziologen läßt sich von diesem Befund zu der Meinung verführen, daß das Zeitalter abgelaufen sei, in dem die Regie der Masse das Zentralproblem moderner Politik und Kultur darstellte. Nichts könnte falscher sein als diese Ansicht. Allerdings sind die Medienmassen unter dem Einfluß der Massenmedien zu bunten oder molekularen Massen geworden. Es hat daher einen guten Sinn, wenn die summarische wie die elaborierte Kulturkritik unserer Tage sich vor allem mit dem Wechselspiel von Fernsehmassen und Massenfernsehen anlegt. Worin diese Kritik dennoch ihr Objekt verfehlt, werden wir im folgenden zeigen.

Wo es noch vorkommt, daß die Vielen physisch auf sich selber stoßen, als Stoßzeit- und Staumasse, als Menge in unfreiwilliger Versammlung, zeigen sie in jedem ihrer Atome die Neigung, eilig vorbeizulaufen an sich selbst wie an einem Hindernis und sich wie eine Zumutung, ein Zuviel als Materie am falschen

Ort zu verfluchen. Hier werden sie überwältigt von der Evidenz des Elends, viele zu sein. Nur in seltenen Augenblicken, wenn auf populären Festivals die Glücksmasse zu einem ekstatischen Kollektivkörper fusioniert wird, leuchtet durch die postmodernen Apathien noch einmal ein Funke von den politischen Dionysien und den Konventen der zu sich selbst erwachten luziden Menge hindurch – besonders sobald tonisierende Pop-Musik den Versammelten ihre Erregung und Entladung gebrauchsfertig zuspielt.

Will man die Differenz zwischen dem Zeitalter Canettis und der Gegenwart auf einen Begriff bringen, so ließe sich sagen: Weil heute die Masse über das Stadium ihrer Versammlungsfähigkeit hinaus ist, hat das Programm-Prinzip das Führer-Prinzip ersetzen müssen. Folglich genügt es, den Unterschied zwischen einem Führer und einem Programm zu erklären, um offenzulegen, was die klassisch-moderne versammelte schwarze Masse von der post-modernen mediatisierten, aufgesplitterten bunten Masse unterscheidet. Es geht hier um den Unterschied zwischen Entladung und Unterhaltung. Dieser ist es, der auch die Differenz zwischen dem faschistoiden und dem massendemokratischen Modus der Affekt-Regie von kommunikationsintensiven Großgesellschaften mitbestimmt.

Historiker und Systemiker sind sich darin einig, daß das Führerprinzip zu den konstitutiven Merkmalen faschistischer Sozialregie gehört. Faschismus ist ein relativ wahrscheinliches, wenn auch nicht unvermeidliches Stadium in der Durchführung des Programms, die Masse als Subjekt zu entwickeln – aus dem so komplizierten wie plausiblen Grund, daß die aktivierten und nach Entladung suchenden Massen in ihren Führern ihre eigene unvollendete Subjektivität als vollendete phantasieren können. Die Subjektwerdung durch den überhöhten Anderen stellt sich in dieser Sicht als ein Zwischenschnitt zur eigentlichen Selbstergreifung dar. Es ist kein Zufall, daß die meisten faschistischen, aber auch die linkspopulistischen Regime von dem Motiv der völkischen Vollversammlung besessen waren und alles unternommen haben, die numerischen Massen, durch deren Akklamation sie sich als legitime Formen politischer Ordnung behaupten, als physisch real vereinigte Massen zu mobilisieren. Die Reichsparteitage der NSDAP haben dieses Motiv in die äußersten Konsequenzen verfolgt. Wenn jemals die Idee einer Nationalversammlung als des real vollzogenen Volkskonvents der praktischen Ausführung nahe gekommen ist, dann bei diesen Aufmärschen der mit dem Volk identifizierten Partei, in der ein Quasisozialismus von rechts seine Vorstellung vor sich selber und der Medienöffentlichkeit gab. Hier wurde der Spuk einer bösen psychischen Klassenlosigkeit zu einer physischen Realität. Kraft ihrer Präsenz auf dem Nürnberger Gelände agierten die Versammelten die basale Fiktion nationalisierter Großgesellschaften aus: daß das Volksganze einer periodisch wiederholten Selbsterfahrung als aktuell versammelter Totalität fähig und bedürftig sei. Bei diesen starren und schwülen Prozessionen gaben sich die formierten »molaren« Massen der Vorstellung hin, daß ihnen die Spitze ihres Selbst in der Gestalt des Führers leibhaftig sichtbar gegenübertrat. Während der »hypnotischen Messe«[7] ließ sich die Fusion zwischen Masse und Führer als die erfolgreiche Besiegelung des Projekts ausgeben, die Masse als Subjekt zu

7 Der Ausdruck stammt von Serge Moscovici, Das Zeitalter der Massen. Eine historische Abhandlung über die Massenpsychologie, Frankfurt 1986, S. 182.

sich zu bringen. Zwar trug die Masse bei diesem Arrangement ihren idealen Subjektfokus außer sich, doch ließ sich diese Veräußerlichung des besten Selbst mit erbaulichen Analogien zum katholischen Heiligenkult und zum bildungsbürgerlichen Geniewesen plausibel machen. Tatsächlich haben schon zeitgenössische Autoren im Faschismus eine Spielart der bürgerlichen Kunst- und Heldenreligion erkannt – so etwa Robert Michels, der 1924 in einem glänzenden Aufsatz über den *Aufstieg des Fascismus in Italien* notierte:

> »Der Fascismus ist absolut carlylisch. Selten hat die lange und krause Geschichte des modernen Parteienwesens uns ein so prototypisches Beispiel für die inneren Bedürfnisse der Masse zu hero worship gegeben, wie es der Fascismus bietet. Absolutes, blindes Vertrauen und glühende Verehrung bringt diese Partei ihrem Führer, dem Duce, entgegen.«[8]

Mit Michels' Verweisung auf Thomas Carlyles Ideologem von Heldentum und Heldenverehrung in der Geschichte wird ein Grundzug moderner Massensubjektivität ausdrücklich nachgezeichnet. Denn was hier unter dem Titel *hero worship* angesprochen wird, ist nichts anderes als das Geständnis, daß in der Menschenschwärze etwas ist, was nicht aufhört, von größerer Helligkeit zu träumen. In der Tat, die Massen entwickeln ihre eigene Form von Idealismus und setzen ihren Willen zur Heldenüberhöhung zuweilen von keiner Wahrnehmung beirrbar durch.

8 Robert Michels, Masse, Führer, Intellektuelle. Politisch-soziologische Aufsätze 1906-1933, Frankfurt New York 1987, S. 293.

Absolut carlylisch: von diesem Prädikat ist das System der mediatisierten Massenkultur insgesamt betroffen. Mit dem medialen Modus von Heldenverehrung treten wir in das Affektregime des entfalteten Massennarzißmus ein. Die Prominenz auf carlylische, massentypische und mediengemäße Weise verehren – das bedeutet die Wahrnehmung radikal der Projektion unterordnen und ohne Rücksicht auf die Eigenschaften des bewunderten Gegenstands das subjektive Verlangen nach Idealisierung, Verklärung, Überschätzung ausleben. Daß Michels das Bewundern und Verehren zum »inneren Bedürfnisse der Masse« rechnen konnte, drückt die Einsicht aus, daß die Masse auch und gerade in ihrem Aggregatzustand von zusammenströmender, nach Entladung suchender Halbsubjektivität darauf besteht, ihren eigenen Befund in verklärender Bestätigung von außen widergespiegelt zu sehen. Der Mechanismus der Identifikation verbindet sich so mit der massenkulturell eingeübten Zuschauerregression, um den hinreichend betäubten Anhänger zu erzeugen. In diesen Arten der Bewunderung wird der glückssucherische Selbstbetrug auf dem Umweg über ein konsensusfähiges Primitivideal zur politischen Gewalt. Wo auf diese Weise verehrt wird, dort wird der Gegenstand der Anbetung nicht in der Vertikalen gesucht, sondern auf gleicher Höhe vis-à-vis gefunden. Ohne Einsicht in diese narkopolitischen Allianzen bleiben die Geisterschlachten und Medienkriege des 20. Jahrhunderts für immer nur irrationale Turbulenzen, denen eine gutbürgerliche Forschung das Prädikat »unbegreiflich« anhängen wird.

Für keinen Personenkult dieses Jahrhunderts gilt die Formel von der horizontalen Idealisierung mehr als für die Hitlermanie, die ihrer Substanz nach nie etwas anderes war als eine Selbstanbetung der lüsternsten Mittelmäßigkeit mit Hilfe der Führergestalt als eines öffentlichen Kultmediums. Auch der Personenkult ist eine Phase des Programms, die Masse als Subjekt zu entwickeln. Man darf darum die Heroen der Bürger- und Massenzeit, die Klassiker wie die populären Diktatoren, als Zeugen dafür auffassen, daß bei der aufkommenden Dauerkommunikation in den Nationalstaaten auch Individuen wie Massen-Medien fungieren konnten – weswegen Geniekult und Führerkult zeitweilig mühelos ineinander überzugehen vermochten.[9] Dennoch war die deutsche Sonderbegabung zur kollektiven Autohypnose vonnöten, um jene Flitterwochen zwischen Idealismus und Brutalismus zu inszenieren, die in den rauschhaften Anfängen der »nationalen Revolution« von 1933 ein Massenwahnklima besonderer Art erzeugten. Thomas Mann sprach die Einsicht einer Minderheit aus, als er im September 1939, bereits zur Emigration in die USA entschlossen, den Deutschen die Diagnose stellte, sie seien ein Volk geworden, »das die Unbildung und die Rohheit anbetet«.[10] Diese Anbetung war jedoch nur eine Trotzform des Verlangens nach Anerkennung. Wer den Führer-Effekt in zureichender historischer Distanz verstehen will, muß den Versuch einstellen, nach einer persönlichen Dämonie des Diktators zu forschen. Die Eignung Hitlers für seine Rolle im deutschen Psychodrama beruhte nicht auf außergewöhnlichen Fähigkeiten oder weithin leuchtenden Charismen, sondern auf seiner unfaßbar evi-

9 Und zwar in beiden Richtungen: Nicht nur konnte sich Hitler als Künstler feiern lassen, auch das Pop-Idol Madonna meinte ihre (wenn auch nur mediale) Chance darin zu sehen, die Rolle der Faschistenlady Evita Perón zu übernehmen.

10 Neue Rundschau, 1999, 4. Heft, S. 177.

denten Vulgarität und seiner hieraus folgenden Disposition, sehr großen Zahlen von Menschen aus der Seele zu grölen. Hitler schien die Seinen zurückzuführen in die Zeit, in der das Schreien noch geholfen hat. Unter diesem Gesichtspunkt war er der erfolgreichste Aktionskünstler des Jahrhunderts.

In Horizontalresonanzen der genannten Art gründet die funktionale Kontinuität zwischen dem Führerkult der Entladungsmassen in der ersten und dem Starkult der Unterhaltungsmassen in der zweiten Hälfte unseres Jahrhunderts. Das Geheimnis der Führer von einst und der Stars von heute besteht darin, daß sie gerade ihren dumpfesten Bewunderern so ähnlich sind, wie kaum ein Beteiligter zu vermuten wagt. Wenn sich selbst eminente deutsche Intellektuelle an dem »Salto mortale in die Primitivität«[11] beteiligten, so dementiert dies die eben konstatierten Zusammenhänge keineswegs, sondern läßt die Kontaktfläche sichtbar werden, auf welcher das »Bündnis zwischen Mob und Elite«[12] möglich wurde. Es ist, nach Hannah Arendts Einsicht, der Punkt, wo die unorganisierte Ohnmacht unzähliger Einzelner übergeht in die »organisierte Verlassenheit« der Vielen, die sich von den totalitären Bewegungen wie von den totalen Unterhaltungen ergreifen lassen.

Was Adolf Hitlers Qualifikationen anbelangt, liegen die Befunde offen: Er war, indem er den Führer abgab, in keiner Weise ein herausgehobener Widerpart der von ihm gelenkten Massen, sondern ihr Abgeordneter und ihr Konzentrat. Zu jeder Zeit besaß er das imperative Mandat der Gemeinheit. Er kam nicht durch

11 Rüdiger Safranski, Ein Meister aus Deutschland. Heidegger und seine Zeit, München 1994, S. 272.

12 Hannah Arendt, Elemente und Ursprünge totaler Herrschaft, München 1986, S. 702-725.

irgendeine Außerordentlichkeit zum Zuge, sondern durch seine unmißverständliche Grobheit und durch die Ausgesprochenheit seiner Trivialität. Wenn es etwas Besonderes an ihm gab, so lag dies allein in dem Umstand, daß er seine Vulgarität in allem selber erfunden zu haben schien, als sei er der erste, der in der Gemeinheit als solcher ein Ziel erkannt hatte, das sich bis ins Äußerste verfolgen ließ. In diesem Sinn war Hitlers Selbstbewußtsein, die Verkörperung eines Schicksals zu sein, seiner mediengeschichtlichen Rolle adäquat. In ihm wurde der vulgäre Narzißmus bühnenfähig. Der Traum vom leistungslosen großen Herauskommen wurde in ihm, und durch ihn für Unzählige, wahr. Weil er imstande war, die träumerischen Infamien der verschiedensten Gruppen in sich zu vereinen, wirkte er nach vielen Seiten als Attraktor. Nur als multivulgäres Medium war er imstande, den gemeinsamen Nenner seiner Gefolgschaftspartikel zu bilden. Bruder Hitler reichte allen den Arm, die Schicksalhaftes zu ihren eigenen Gunsten vollbringen wollten. Wer immer bereit war, die Wahrnehmung auszulöschen, um besser vom Retter phantasieren zu können, ja sogar von dem »Kulturheiland«, den die Georgianer verkündet hatten, durfte von dieser Larve sich versprechen, was er wollte. Doch selbst wenn die Massen nicht ohne Hilfestellung zu erkennen vermochten, daß sie eine perverse Marionette vor sich hatten, einen verpanzerten, koprophilen, impotenten Muttersohn mit expliziten suizidalen Tendenzen, so waren seine hysterischen, pöbelhaft-megalomanischen und komödiantischen Charakterzüge von Anfang an in öffentlich-unmittelbarer Evidenz gegeben. Darum sagen die Bilddokumente noch heute mehr über ihn als tausendseitige Biographien. Man sieht ihn immer für die Illusionen der Masse posieren; wo die Pose fällt, bleibt nur die Hohlheit des charakterlosen zornigen Mediums. Hitler, der Illusionenkollektor und Hypnopolitiker, war in keinem Punkt ein Hochbegabter, in keiner Hinsicht eine schöpferische Persönlichkeit. Es war für seinen Erfolg genug, daß er ein Volksempfänger zu sein vermochte. Niemand, der geduldig genug war für einen zweiten Blick, konnte ihn mit einem Talent verwechseln, mochte auch Winifred Wagner, die unlustige Witwe, ihm in den kritischen Jahren kalkuliert schöne Augen machen. Die Verschwörung gegen die Wahrnehmung wußte genau, was sie nicht sehen wollte. Dieser Mann war der menschgewordene Miasmus des weltärmsten Kleinbürgertums aus Österreichs dunkleren Provinzen, ein langer Krampf aus Viertelbildung und Rachsucht, oder wie Winston Churchill richtig und mit nahezu brüderlich hellsichtigem Haß sagte, eine »Mißgeburt aus Neid und Schande«. Er war das böse gewordene Verlangen nach Anerkennung. Doch weil die psychisch ausgehungerten Massen und die labilen Teile der Eliten in diesem öffentlichen Mann ihr unverkennbar Eigenes aufspürten; weil es nicht nötig war, zu ihm emporzuschauen, um ihn auszuschöpfen; weil es genügte, die eigene grollende Vulgarität und geblähte Lebensunfähigkeit auf Augenhöhe mit der seinen zu verbinden, um ihn erhaben und sich selbst bis zu seiner Glorie erhöht zu glauben; weil er kein Herr war, sondern einer von dort, wo die Basis breit ist; weil er ein horizontaler Delegierter war, der Aktionist, der Haß-Showmaster, der gutverständliche Brüller von nebenan, der sich als Container der Massenfrustrationen anbot[13] – nur darum also: weil er nicht

13 Das Theorem von den Politikern als »emotionalen Containern«geht auf

allzu anders war, nicht überlegen, nicht wirklich begabt, nicht gutaussehend und weil er vor allem nicht vornehm wirkte, durfte er der Zustimmung unzählig Vieler zu seinen Direktheiten und Anmaßungen, zu seiner krakeelerischen Biologie und seinem Gequake von Grausamkeit und Größe sicher sein. Hans Pfitzner hat das Hitler-Phänomen abschließend begriffen, als er wie beiläufig von dem Führer als einem »entfesselten Proleteus« sprach – ein Wort, in dem die Affaire der Massen mit ihrem Helden unter den richtigen, den endgültigen und den hinreichend komischen Titel gebracht ist. Hitler war in der Tat das unverwechselbare Produkt einer Figurenerfindung nach dem massenmedialen, horizontal projektiven Modus – und genau in dieser Eigenschaft, als carlylisches Phantom, bleibt er zu erkennen als Träger einer Funktion, die auch nach der Umstellung von politischer Entladung auf unpolitische Unterhaltung für den Affekthaushalt liberaler Massendemokratien charakteristisch geblieben ist. Mit dem carlylischen Programm hat die akute Phase der Massenkultur begonnen: Es leitet die Umfunktionierung der vertikalen Spannung in horizontale Spiegelung ein. In diesem Zeichen beginnt die Enthierarchisierung, deren Ambivalenz sich im Experiment der Moderne zunehmend entfaltet.

Wenn die erregten Massen ihrem Helden nachliefen, so glichen sie den Menschen im Auflaufsog, von denen Canetti sagte: »... sie haben ein Ziel. Es ist da, bevor sie Worte dafür gefunden haben: das Ziel ist das schwärzeste ...« Auch ein Einzelner vermag das Da-

Lloyd deMause zurück. Vgl. auch Thomas Macho, Container der Aufmerksamkeit. Reflexionen über Aufrichtigkeit in der Politik, in: Opfer der Macht. Müssen Politiker ehrlich sein?, Frankfurt am Main und Leipzig 1993, S. 194-207.

sein der Masse so bündig darzustellen, daß er zum Kern des Auflaufs werden kann. In einem Einzigen, einem solchen Führer, einem Medienstar, ist in der Tat alles schwarz von Menschen.

II.

In dem Projekt der Moderne, die Masse als Subjekt zu entwickeln, sammelt sich, soviel wir verstanden haben, leicht entzündlicher psychopolitischer Sprengstoff an. Er kann durch Funken von oben wie von unten detonieren.

Wie alle Entwicklungsprogramme muß auch dieses seinen Adressaten beleidigen, sobald es ihm zu verstehen gibt, er sei noch nicht, was er werden soll. Schon Bruno Bauer hatte ironisch bemerkt: »Um doch etwas Großes zu haben, hat man neuerlich die Masse auf das Schild gehoben. Man will sie zu sich heraufheben, als ob sie dann wunder wie hoch ... herausgehoben würde!«[14] Entwicklung ist evidentermaßen nicht ohne die Kränkung des zu Entwickelnden zu haben, denn wer entwickeln will, läßt sich zum Nicht-Entwickelten herab. Will man dieser prekären Implikation des Fortschritts-, Heraufhebungs- und Emporziehungsdenkens ausweichen, so muß man die Masse auf der Stelle von Entwicklungszumutungen freisprechen und ihr versichern, sie sei, so wie sie ist, schon ganz am Ziel. In der Alternative zwischen Entwickeln und Verwöhnen bewegen sich die modernen Diskurse über den Menschen als ein Ende in sich selbst. Darum ist die Moderne die Arena eines prinzipiell unabschließbaren Konflikts zwischen Evolutionisten, die Anstrengungen in Aussicht stellen, und Verführern, die das Ende der Anstrengung lehren. Wer immer sich

14 Bruno Bauer, Die Gattung und die Masse, 1844, in: Feldzüge der reinen Kritik. Einleitung von Hans Martin Sass, Frankfurt 1968, S. 213.

einmischt in den Betrieb der Diskurse über aktuelle Gesellschaftssysteme und ihre Populationen, die Eliten und die Massen, die Gleichen und die Gleicheren, die Vielen und die sehr Vielen, hat sich bereits, wissend oder nicht, entschieden, ob er die große Zahl entwickeln und beleidigen oder ihr schmeicheln und sie verführen will. Was man in der Moderne an Kulturkämpfen und ideologischen Parteigefechten wahrnimmt, ist meistens nichts als der Streit zwischen den Beleidigern und den Schmeichlern. Es ist ein Ringen, das ausgetragen wird um das Vorrecht, den wirklichen und wahren Interessen der Vielen, wenn nicht aller, besonders genau gerecht zu werden.

Wo man in bezug auf ein Kollektiv zwischen Vertikalkommunikation (Beleidigen) oder Horizontalkommunikation (Schmeicheln) wählen muß, dort liegt etwas vor, was man ein objektives Anerkennungsproblem nennen muß. Im Begriff der Masse sind Merkmale mitgesetzt, die *per se* zu einer Vorenthaltung der Anerkennung geneigt machen. Verweigerte Anerkennung heißt Verachtung – so wie verweigerte und verworfene Berührung Ekel heißt. Wenn die moderne Welt, wie manche Hegel-Interpreten mit guten Argumenten dargelegt haben, eine Arena von generalisierten Kämpfen um Anerkennung ist, so muß sie unausweichlich zu einer Gesellschaftsform führen, in der die Verachtung epidemisch wird – zum einen deswegen, weil Anerkennung – wie Aufmerksamkeit – eine Ressource ist, deren Wert mit ihrer Knappheit korreliert; zum anderen weil die Prätendenten auf Anerkennung, indem sie sich unaufhörlich vermehren, sich notwendigerweise gegenseitig überfordern; und schließlich weil die Masse als solche ein Pseudosubjekt darstellt, zu dem man sich nicht in Beziehung setzen kann, ohne ein Element von Verachtung ins Spiel zu bringen, wobei ich die Schmeichelei als eine invertierte Verachtung mitrechne.

Von der Geschichte und der Logik dieses Verachtungsdramas, das der Neuzeit im ganzen wie ein intimes Erbleiden anhaftet, ist wenig bekannt. Die akademisch organisierte Philosophie ist dem Thema ausgewichen, und die Öffentlichkeit ist fortwährend zu sehr von Kämpfen um Anerkennung sowie von Strömungen der Verachtung und des Ekels zerklüftet, um sich eine freie Sicht auf das Kampfgelände verschaffen zu können. Gewiß ist nur, daß mit dem Anbruch der Neuzeit sich die Einsätze erhöht haben. Die Verachtung hört auf, ein Affekt zu sein, der für die im Dunkeln, die Ausgegrenzten und Fremden reserviert ist; sie gilt nicht länger nur den Barbaren oder anderen Irritationen in Menschengestalt, die unter dem »Siegel kosmischer Minderwertigkeit«[15] wahrgenommen werden. Auch bleibt sie nicht länger beschränkt auf die galligen Ausfälle von hochfahrenden Einzelnen, die sich wie Leonardo da Vinci zu der Ansicht bekannten, die Menschen seien in ihrer größten Mehrheit nichts anderes als »Füller von Abortgruben«. Das Drehbuch der Neuzeit sieht vielmehr vor, daß nichthochadlige Kollektivsubjekte, der mittlere und der höfische Adel zuerst, sodann das Bürgertum, das Kleinbürgertum, die Arbeiterschaft und die sogenannten Minderheiten in der Folge, eine historisch beispiellose Leidenschaft der Selbstachtung an den Tag zu legen beginnen und sich zu deren Befriedigung in die politische und literarische Arena begeben. Man versteht von dem Konzept Partei, mit dem sich die po-

15 Vgl. Niklas Luhmann, Die Gesellschaft der Gesellschaft, Frankfurt 1997, S. 956.

litischen Kollektivakteure spätestens seit dem 19. Jahrhundert selbst bezeichnen, nicht genug, wenn man sie nur als Parteien von Interessen auffaßt. Die authentisch politischen Gruppen sind immer zugleich Kraftfelder, in denen sich Leidenschaften der Selbstachtung formieren. Sie wollen von nun an die Geschichtsbücher füllen und als öffentliche Größen gewürdigt werden, denen der Aufschwung von der gekränkten Trägheit in die ausdrucksmächtige Subjektivität gelungen ist. Man darf bemerken, daß die aufsteigenden Gruppen der neueren Zeit nicht nur ein autobiographisches Pathos an den Tag legen; sie entwickeln auch ohne Ausnahme einen philanthropischen, genauer einen autophilanthropischen Affekt. Vergessen wir nicht, daß auch die Nationalstaaten des 19. und 20. Jahrhunderts nur als massenmedial gesteuerte Experimente kollektiver Selbstachtung und Selbsterhöhung Form annehmen konnten – und daß die sogenannte Außenpolitik zwischen diesen, sofern sie Konkurrenzen im Imaginären einschloß, unweigerlich stets von Achtungs- und Mißachtungsspannungen dramatisiert wurde. Niemand geringerer als Max Weber hat dies in einer Briefnotiz aus dem Jahr 1906 bezeugt, als er an seinen Freund und Parteikollegen Friedrich Naumann mit Blick auf Wilhelm II. schrieb:

> »Das Maß von Verachtung, welches uns als Nation im Ausland (Italien, Amerika, überall!!) … – mit Recht! das ist das Entscheidende – entgegengebracht wird, weil wir uns *dieses* Regime *dieses* Mannes gefallen lassen, ist nachgerade ein Machtfaktor von erstklassiger weltpolitischer Bedeutung geworden …«[16]

16 Zitiert nach: Golo Mann, Wissen und Trauer. Historische Portraits und Skizzen, Leipzig 1995, S. 115.

Doch der Pfad zur Subjektwürde für alle ist einer, der zunächst eher nach unten als nach oben zu führen scheint. Schon in der Frühzeit der neuen Psychopolitik, in jenem 17. Jahrhundert, in dem gleichzeitig mit dem religiös motivierten Bürgerkrieg auch die Idee des Politischen als einer eigenständigen staatstechnischen Kunstsphäre entstand, hat sich Thomas Hobbes an die zukunftsweisende Aufgabe gemacht, die Masse als Untertan zu entwickeln. Seinem theoretischen Genie und seiner praktischen Härte verdanken wir die Einsicht, daß Subjektivität und Untertänigkeit konvergieren, etymologisch wie real – ein Sachverhalt, der sich im englischen *subject* wie im französischen *sujet* noch heute unmißverständlich ausspricht, während wir uns im Deutschen mit dem behördlich und philosophisch verdächtigen Subjekt begnügen. Die als Subjekt zu entwickelnde Masse tritt demnach auf die Theoriebühne der Neuzeit in Gestalt einer homogenisierten Menge von Untertanen unter einem staatstechnisch modernisierten Souverän. Ihr erstes Merkmal ist die vernünftige Unterwürfigkeit im eigenen Interesse oder die freiwillige Passivität im Staat.[17] Hobbes' Interesse an der *subject*- und Untertanen-Qualität der Massen gründete in seinem Vorsatz, die

17 Es bleibt hier anzumerken, daß die absolutistische Konstruktion des Untertanen präfiguriert ist in den Anleitungen zur katechetischen und schulischen Menschenformung, die sich von der Mitte des 16. Jahrhunderts an im Gefolge der Reformation Geltung verschafften. Hier vollzieht sich die Geburt der Innenpolitik aus dem Geist der religiösen Dressur. Die Obrigkeit soll und muß sich von dieser Zeit an klerikalpolitisch engagieren. Um 1556 ermahnt ein lutherischer Theologe die Landesfürsten, zusammen mit ihren Beamten und ihrem Lehrpersonal als »Polizey-Theologen« tätig zu werden, damit nicht »Secten ... Aufruhr und Verachtung« einreißen. »Verachtung« kann somit zunächst eine anarchoide und antinomistische Disposition bezeichnen. In ähnlicher Gesinnung lehrt der Jurist Oldendorp 1530: »Der unglaube bringt verachtung gottes und des nechsten...« Vgl. Hans Maier, Die ältere deutsche Staats- und Verwaltungslehre, München 2. Aufl.1980, S. 102 und 107.

vom Bürgerkrieg zerrüttete spätfeudale Staatsmaschine von Grund auf neu zu rekonstruieren, und zwar so, daß die Einzelnen, als Parteigänger wie als Privatleute, nie mehr imstande sein sollten, ihrer Leidenschaft der Selbstachtung – Hobbes würde vermutlich sagen: der Raserei des Bekenntnisses und des Stolzes – den Vorzug vor dem Wohl eines *commonwealth* zu geben. Um dies zu erreichen, schien es Hobbes nötig, alle Prätendenten auf Anerkennung, virtuell die gesamte Population des absolutistischen Staates, insbesondere auch Hoch- und Landadel, politisch zu kastrieren, um alle mit dem ausgezeichneten Kriterium der Staatsfähigkeit, der willigen Untertänigkeit, zu markieren, zu welcher anfangs vor allem die Untertänigkeit in Religionsfragen gehört – und das bedeutet im Blick auf die Dramen des 17. Jahrhunderts den Verzicht auf das heilige Wüten der Konfession. Untertänig ist das bürgerliche Gewissen, das weiß, daß es sich um der Befriedung des öffentlichen Raumes willen der eigenen Prätentionen auf Souveränität entäußern muß. Der ideale Untertan wäre jener, der endlich verstanden hat, daß es nur einen einzigen Souverän noch geben soll, den real amtierenden Träger aller legitimen Gewalt, und daß er, als bekennender Untertan, seine rebellischen und »protestantischen« Regungen bei diesem künstlichen Herrn aus Einsicht abgegeben hat. Infolgedessen kann der Bürger, der sich im eigenen Interesse unterwirft, die Souveränität nur außer sich selbst anschauen. Er erblickt sie in der Gestalt des Fürsten, der das vernünftig gewordene Gewaltpotential, psychoanalytisch gesprochen das Über-Ich der Untertanen, sublim verkörpern und mit harten Greifarmen verwirklichen soll. Hobbes ist sich darüber im klaren, daß diese seine

Neukonstruktion des politischen Feldes dem Eigensinn der meisten Inhaber alter Freiheiten und neuer Prätentionen gegen den Strich gehen muß. Er sieht sich daher genötigt, seine Staatsmaschine auf Fundamenten zu verankern, die tiefer reichen als jede noch so kämpferische Adelseitelkeit und jedes bürgerliche Bekennertum. Wer den Untertanen sucht, muß den Menschen bei der Wurzel fassen. Zu der Untertänigmachung aller unter dem einen Souverän dient dem Staatslogiker eine anthropologische Reduktion sämtlicher Individualitäten auf eine stabile natürliche gemeinsame Motivbasis. Denn die allgemeine und homogene Untertänigkeit läßt sich nur garantieren, wenn es in der Natur des Menschen etwas gibt, das unter allen Umständen mächtiger wirkt als jene Leidenschaft des Verlangens nach Geltung, Ehre und Beachtung, von der die Zeitgenossen in den jahrzehntewährenden Bürgerkriegen so evidente wie fatale Proben gegeben hatten.

Thomas Hobbes war als Staatstheoretiker optimistisch genug, ein solches zur Untertänigkeit geneigt machendes Motiv in der menschlichen Natur aufweisen zu können, weil er als Anthropologe pessimistisch genug war, um sämtlichen Menschen gemeinsame Voraussetzungen der Niedrigkeit oder Gewöhnlichkeit zu unterstellen. Er geht dabei, wie später Spinoza, von der Annahme aus, daß alle Individuen von einem unentäußerlichen Streben nach Selbsterhaltung erfüllt sind. Freilich behält dieses Streben für ihn noch letztlich eine defensive Tendenz. Denn mögen auch die aggressiven und expansiven Passsionen, Geltungsdrang, Eifersucht und Begierde nach persönlichen Vorteilen, zu den mächtigsten Agentien des Selbsterhaltungsstrebens zählen – wir erfahren dies in dem berüchtigten 13. Kapitel des ersten Teils des *Leviathan: Of the Natural Condition of Mankind, as concerning their Felicity, and Misery* –, so werden sie doch übertroffen durch ein konservatives Motiv aller Motive, die Furcht, genauer *fear of death*, die mächtiger als alle positiven Appetite sich geltend macht. In ihr ist die Universalgrundlage von Untertänigkeit als vernünftiger Sorge um sich selbst angesichts manifester oder latenter Vernichtungsdrohungen zu suchen. Hobbes versäumt nicht zu betonen, daß es die Gleichheit der Menschen ist, welche die Quelle des unablässigen Krieges zwischen ihnen bildet. Daher brauchen die naturhaft Gleichen ein gleichmäßig alle überzeugend bedrohendes Gesetz über sich, das sie daran hindert, sich gegenseitig anzutun, was sie sich zugesonnen haben:

> »Die Natur hat die Menschen in ihren körperlichen und geistigen Fähigkeiten so gleich geschaffen, daß doch – obwohl man beobachtet, daß bei dem einen zuweilen offenkundig mehr Körperkräfte als bei einem anderen vorliegen oder ein rascherer Geist als bei einem anderen –, rechnet man alles zusammen, der Unterschied zwischen Mensch und Mensch keineswegs so beachtlich ist, daß der eine hierauf einen Anspruch auf Vorzüge für sich ableiten kann, auf welche der andere nicht ebensogut wie er Anspruch erheben könnte. Was Körperkraft angeht, so hat der Schwächste genug Kraft, den Stärksten zu töten, sei es durch geheime Machenschaft oder durch Verbündung mit anderen ...«
>
> »Aus dieser Gleichheit der Fähigkeit (*ability*) entspringt Gleichheit der Hoffnung auf das Erreichen

> unserer Ziele. Und wenn daher zwei Menschen ein und dasselbe Ding begehren, das sie gleichwohl nicht beide zugleich genießen können, so werden sie Feinde.«[18]

Der nicht bedrohte Mensch wird nicht gerettet – dies ist der verborgene Hauptsatz der absolutistischen Kunst, Menschen in staatlichen Verbänden zur friedlichen Koexistenz zu zwingen. Darum besteht das entscheidende Potential neuzeitlicher Macht in dem Vermögen, glaubwürdig zu drohen, das heißt, den Feinden und Untertanen ihren Herrn, den Tod, zu zeigen. In diesem Sich-Furchtbar-Machen des frühneuzeitlichen und barocken Staates liegen die Ursprünge des Erhabenen modernen Typs. Die effektivste Quelle des Bewußtseins von Gleichheit ist die Gleichbedrohtheit aller durch den potentiell alltötenden Staat. Was man dessen Gewaltmonopol genannt hat, bleibt unzureichend verstanden, solange man es von dem Schreckensmonopol abtrennt, das der erhabene Staat als Theater der inneren und äußeren Drohungen für sich reklamiert. Das Erhabene wird in zu flachen Deutungen fixiert, wenn man es, nach dem Beispiel von Burke und Kant, erst in dem Zustand aufgreift, den es im späten 18. Jahrhundert erreicht hatte, als die einsetzende Kulturindustrie sich daran machte, die Bürgergesellschaften in schauerromantische Selbststressierungs-Spiele zu verwickeln. Bei diesen ist das Bedrohlich-Erhabene längst zu einer bloß ästhetischen Größe depotenziert; es bietet seinen Konsumenten willkommene Probeuntergänge im Ungeheuren an. Im sicheren Abstand vom Tod

18 Thomas Hobbes, Leviathan, Ed. by Richard Tuck, Cambridge 1991, S. 86-87 (Übers. vom Autor).

vergewissern sich die Zuschauer ihrer Verbundenheit untereinander, indem sie angesichts schöner Sterbespiele ihre Erschütterungen aufeinander abstimmen. Das ernste Drohen hingegen ist der kardinale Sprechakt der Macht, die ihren Untertanen und Nachbarn ein Ultimatum stellt, bis wann sie vernünftig zu werden haben. So sprechen die, die realiter oder in Gedankenspielen über den Ernstfall zu entscheiden glauben. Es ist kein Zufall, daß die stark ordnungs- und konsensusorientierten Theoreme der neuzeitlichen politischen und polizistischen Philosophie – von Hobbes über Robespierre bis zu Carl Schmitt – eine hohe Affinität zu autoritär-exklusiven Stilen des Umgangs mit ihren Gegnern und Dissidenten an den Tag legen. Sie geben damit zu erkennen, daß sie in dem Vermögen, zu drohen, das vervollständigt werden will durch das Vermögen, zur Ausführung zu schreiten, ihren eigentlich wirksamen Daseinsgrund erkannt haben.

Die Hobbessche Grundoperation, die Reduktion menschlichen Verhaltens auf ein letztes Bewegendes, die Furcht, setzt epochale Folgen frei. Mit ihr beginnt ein Zeitalter, das »den Menschen« systematisch verdächtig macht und ihn darum von unten her denkt. Weil es ihr Anliegen ist, die menschliche Natur als theoretisch berechenbar sowie praktisch erziehbar und lenkbar aufzufassen, sieht die neue Welt der rationalen »Policeyen« sich gezwungen, das politische Gemeinwesen von der Ebene niederster Antriebe her zu konstruieren. Wir sind nicht umsonst im Zeitalter der Maschinenbauer, der politischen wie der zivilen, und der Anatomen, der physischen wie der moralischen. Um zu begreifen, wie die Kraftmaschine Mensch abläuft, ist Einsicht in ihr Triebfederwerk vonnöten –

die Triebfedern aber, die Motionen, die Leidenschaften, die Appetite, können in dieser Sicht nie anders sein als von der elementarsten Art. Ist es Gemeinheit, hat es doch Methode – ein Weltalter lang werden in Menschensachen erklären, verstehen und herabsetzen auf dasselbe hinauslaufen. Demnach wären nun Bedingungen gegeben, unter denen der Satz: *Tout comprendre c'est tout pardonner* ohne Einschränkung wahr würde? Nicht ganz, denn man muß hinzufügen, daß alles verstehen nun in Wahrheit alles verachten heißt.[19] Das Zeitalter der Entvertikalisierung beginnt damit, daß man den Menschen immer unten sucht. Eine methodisch kontrollierte Neigung zu einer Verachtung aller durch alle sickert in die Prämissen der modernen politischen Lehre vom Menschen ein. Aus dem Interesse an gleichförmiger Untertanensubjektivität geht geradewegs das an einer zuverlässigen Grundlage allgemeiner Gemeinheit hervor. Ist Gemeinheit die Basis, muß Vornehmheit als Überbau erscheinen. Wer würde in aufgeklärter Zeit nicht zustimmen, daß bloße Überbauphänomene auf ihre wahre Basis zurückversetzt werden sollen? Im Blick auf diese Verhältnisse läßt sich zudem notieren, daß Egalität nach-christlich nie einen Wert an sich bedeutete, sondern ein Mittel des dynamisierten modernen Staats darstellte, sich selbst auf der Basis einer fest angenommenen gemeinsamen und zuverlässig niederen Menschennatur zu organisieren.

Man wird einwenden, daß Hobbes ein Exzentriker war, der es zu wirklicher Autorität nie zu bringen vermochte. Man wird zu bedenken geben, daß er ein

19 Die konkurrierende idealistische Maxime: Alles verstehen heißt alles verklären (das heißt in Gott versetzen), die aus neuzeitlich pansophisch-pantheistischen Annahmen folgte, konnte sich gegen die Tendenz der Rationalisierung nach unten nicht durchsetzen.

»koboldhafter«[20], zu Überspannungen neigender Anwalt eines fiktiven starken Staates war, eines Absolutismus auf Papier, der in der Realität keine Entsprechungen fand, und daß wir nicht genötigt sind, den Autor des *Leviathan* als Wegbereiter der modernen Demokratie zu respektieren. Man wird erklären, daß er in seinem phobischen Temperament gefangen blieb und daß es ihm nicht gelang, über die traumatischen Fixierungen des eigenen Zeitalters hinauszudenken. Nichtsdestoweniger läßt sich zeigen, daß mit Hobbes die spezifisch modernen politischen Anthropologien beginnen. Mehr als andere hat er dazu beigetragen, die Fundamente des anthropologischen Egalitarismus zu legen – jene Überzeugung von der psychologischen Gleichbeschaffenheit der Menschen, in der die politische Neuzeit eines ihrer Kriterien besitzt.

Mit dem Hobbesianismus setzt die theoretische Abschaffung des Adels ein. Mehr als hundert Jahre bevor die *terreur* der Französischen Revolution den Willen ausdrückte, alle Köpfe abzuschlagen, die höher aufragen wollten als die von bürgerlichem Wuchs, bringt die beginnende politische Anthropologie die Idee der Vornehmheit überhaupt zu Fall, indem sie mit psychologischen Argumenten aus der Natur den Nachweis führt, daß alle Menschen ihr Leben über denselben Affektgrundlagen fristen und daß sämtliche politischen oder ständischen Unterschiede zwischen ihnen nahezu belanglos sind angesichts der massiven Ähnlichkeiten hinsichtlich ihrer inneren Antriebe.

Was die theoretische Vernichtung des Adels bei Hobbes am zügigsten voranbringt, ist der Lehrsatz, daß die Menschen ohne Ausnahme in letzter Instanz

20 Nach einer Charakterisierung von Leo Strauss.

von der Furcht bewegt werden. Wer nämlich die Furcht als universalen Motor proklamiert, hebt die traditionelle Selbstbegründung des Adels, seine Verwerfung der Todesangst, auf und holt auch die aristokratischen Verächter des Allzumenschlichen zurück in eine mittlere Humanität, die in der Motivallianz von Vernunft, Furcht und Selbsterhaltung gründet. In dieser Mittellage ist die Moderne als Progamm und Betrieb verankert. Hier wird jeder menschliche Exzeß und Überstieg nach oben *a priori* verworfen. Die Pflicht, sich in der Mitte zu halten, bildet die unausgesprochene Über-Regel des In-der-Welt-Seins als Bürger, Untertan und Mensch. Überdies besitzt die psychologische Widerlegung des Adels und seines Überschwangs ihr Gegenstück in der Widerlegung des Heiligen oder des allzu guten Menschen, mit der die französischen Moralisten des 18. Jahrhunderts sich hervortun werden. Wie Hobbes mit dem Radikalmotiv Furcht der Idee selbst des vornehmen Lebens die Wurzeln abschneidet, so destruieren die Moralisten mit dem Radikalmotiv *amour-propre* die Prämissen des exzessiven Ideals von Selbstlosigkeit, in dem die Konzeption eines heiligen Lebens ihre Quelle hatte. Weil die Moderne so pathetische Differenzen wie die zwischen dem selbstlosen Heiligen und der sündig selbstischen Menge nicht mehr brauchen kann, erfindet sie mit der Psychologie der Selbstliebe und des Sinns für Eigennutz eine Menschheitsplattform, auf welcher sich die neuen Gleichen in einer Art von sittlichem Négligé treffen können, ohne sich verlegen zu fühlen. Die moderne Gesellschaft investiert in bürgerliche Normalität und will daher überall Menschen sehen, auf deren selbstsüchtige Motive Verlaß ist.

Wenn man in Hobbes den Ahnherrn der bis heute dominierenden politischen Anthropologie erkennen kann, so darf Spinoza als der philosophische Entdecker der Masse gelten. Spinoza ist der erste Anthropologe der modernen Demokratie, insofern er ursprünglich die Frage aufwarf, wie die Selbstregierung der Menge möglich sei angesichts der Tatsache, daß diese – er nennt sie der Tradition folgend den *vulgus* – sich stets an sinnlichen Vorstellungen, an Bildern und Sensationen, an *imaginationes*, sowie an Begierden wie der Habsucht, dem Zorn, dem Neid und der Ehrsucht orientiert und nicht an rationalen Einsichten.[21] Spinoza verliert keine Zeit mit der später so erfolgreich gewordenen Schmeicheltheorie, die Menge als ganze auf den Standpunkt der Vernunft oder der logischen Mündigkeit heben zu wollen. Spinoza ist der ewige Anti-Journalist. Er lügt auch nicht für das große Publikum. Ihm kann es nie darum gehen, die Masse als Subjekt zu entfalten; vielmehr sind diese scheinbaren Subjekte, aus denen sie besteht, allesamt in die göttliche Substanz zurückzuführen, als deren Modi sie jeweils eben so, wie sie sind, für immer gerechtfertigt erscheinen. Auch der *vulgus* stellt eine Modifikation der göttlichen Substanz dar – weswegen es dem *sapiens* nur darauf ankommt, dem wesentlichen Merkmal der Menge, dem Leben in Imaginationen, gerecht zu werden. Dieses Merkmal würdigen bedeutet nichts Geringeres, als seine reale Mächtigkeit in Begriffe fassen. Soll aber die Menge je Gewalt über sich selbst gewinnen – und nichts anderes meint die von Spinoza erhobene avantgardistische Forderung nach der demokratischen Staatsform –, so

21 Vgl. Yirmiyahu Yovel, Spinoza. Das Abenteuer der Immanenz. Göttingen 1994, S. 167-195.

muß die Frage geklärt sein, wie eine Selbstregierung der Vielen auf der Basis von Imaginationen möglich wäre. Dazu ist die Annahme erforderlich, daß es unter den Imaginationen solche gibt, die imstande sind, die Vernunft so gut zu ersetzen, wie diese in einem anderen Register denn überhaupt ersetzt werden kann. Die spinozanische Demokratie ist jene Gesellschaftsordnung, die es vermöchte, die Menge mit wirksamen Vernunftanalogien oder wohltätigen Simulationen zu versorgen. Sie muß in Bildern substituieren, was der Diskurs bei den Vielen nicht vermag – ein Postulat, das bis in heutige Reflexionen über die vereinigende und orientierende Kraft von Mythen in der nationenbasierten Demokratie weiterwirkt.

Es handelt sich bei diesen Überlegungen um eine großzügige Vorausahnung der Massenkultur, weil Spinoza den von para-rationalen Imaginationen gesteuerten *modus vivendi* der Vielen als solchem die Anerkennung nicht verweigert. Dennoch kann sich der Philosoph nicht zu der Illusion bekehren, daß dieser *modus* durch Erziehung zu unterdrücken oder aufzuheben wäre, weil auch die umfassendste Massenpädagogik stets nur die einen Imaginationen durch die anderen ersetzen könnte. Vielmehr fragt er nach Möglichkeiten, der Menge auf ihrer eigenen Ebene zu einer weniger irrationalen, weniger von Affekten geknechteten und somit weniger selbstschädigenden Form des beschränkten – und auf seine Weise doch vollständigen – Lebens zu verhelfen. Er reklamiert für seine Lehre den Vorzug, das gesellschaftliche Leben zu fördern, indem sie ihre Adepten dazu anhält, »niemanden zu hassen, niemanden zu verachten, niemanden zu verspotten, niemandem zu zürnen, niemanden zu beneiden«[22]. Tatsächlich stellt Spinozas

22 Ethik, Teil II, Lehrsatz 49, Scholium.

Theorie der Menge ein nahezu singuläres Zeugnis dafür dar, daß es auch einen nicht-heuchlerischen Umgang mit den beschränkteren Formen der menschlichen Bildung geben kann – einen Umgang, der das Leben, das auf der Ebene der Imaginationen verbleibt, als eben das anerkennt, was es ist, als eine lokale Kristallisation des Unendlichen oder der Gott-Natur. Die Wirkungsgeschichte des Spinozismus zeigt freilich, daß Menschen nicht nur durch verweigerte Anerkennung gekränkt, sondern auch durch gewährte Anerkennung in Verlegenheit gebracht werden können.

Darf Spinoza als der Entdecker des politischen Problems der Menge in ihrer neuzeitlichen Bedeutung von Masse gelten, so ist er zugleich der Autor, der zuerst die ästhetische und moralische Verlegenheit offengelegt hat, die mit dem Bemerkbarwerden des Nicht-Bewerkenswerten im öffentlichen Raum auftaucht. In seinen Definitionen der Affekte bestimmt Spinoza die Verachtung (*contemptus*) als den Mißerfolg eines Objekts bei seinem Versuch, die Achtung des Geistes zu erringen.

> »*Verachtung* ist die Vorstellung eines Dinges, die den Geist so wenig berührt, daß der Geist durch die Gegenwart des Dinges mehr bewegt wird, sich das vorzustellen, was an dem Ding nicht ist, als was an ihm ist.« [23]

Setzt man in dieser Formel für »Ding« den Ausdruck Masse ein, so wäre diese definiert durch die Unmög-

23 Ethik, Teil III, Definition 4. Man vernimmt in Spinozas Definition ein Echo von Hobbes' Satz: »Those things which we neither Desire, nor Hate, we are said to *Contemne*: CONTEMPT being nothing else but an immobility, or contumacy of the Heart, in resisting to the action of certain things; and proceeding from that the heart is already moved otherwise, or by more potent objects; or from want of experience of them.« Leviathan, Teil I, Kap. 6.

lichkeit, das Interesse des Geistes auf sich zu ziehen, weil die Masse, insofern sie – zunächst und zumeist – das Nicht-Besondere verkörpert, das Unbeachtliche als solches ist. Die Entdeckung der Masse bringt die Erhebung des Uninteressanten in den Rang des Interessanten mit sich. Dabei kann jenes sich als bisher verkanntes Interessantes erweisen – oder als überbelichtetes Uninteressantes. Das Uninteressante, das als solches auffällig wird, ist somit die logische Form des Verächtlichen – in ihm drängt sich die real existierende Nichtigkeit ins Blickfeld. Durch die Anwesenheit von Gegenständen dieser Art sieht sich der Geist gezwungen, ihnen »alles abzusprechen, was Ursache der Bewunderung, Liebe, Furcht usw. sein kann«.[24] In der Verlängerung dieser Überlegung findet sich die Evidenz, warum die Massenkultur für alle Zeit an den Versuch gebunden sein wird, das Uninteressante als das Auffälligste zu entfalten. Sie bleibt auf Strategien der Aufmerksamkeitserzwingung angewiesen, weil sie vorhat, triviale Gegenstände und Personen in die vorderste Sichtlinie zu stellen – mithin Objekte, von denen Spinozas Bemerkung gilt, daß wir an ihnen nichts bemerken, was wir nicht vorher auch an anderen Objekten gesehen haben[25], fehlt nur der Zusatz: bis zum Überdruß gesehen haben. Merken wir an, daß hier auch Personen noch im Schema der Ding-Theorien aufgefaßt werden. Kein Zufall, daß Massenkultur überall, wo sie sich geltend macht, auf die Verbindung von Trivialität mit Spezialeffekten setzen wird.

Es ist kaum zu verkennen, daß die Geschichte der Neuzeit eine Sequenz von Aufständen der vormals

24 Ethik, Teil III, Lehrsatz 52, Scholium.
25 Ethik, Teil III, Lehrsatz 52, Beweis.

uninteressant scheinenden Gruppen gegen die Verachtung oder Nicht-Beachtung darstellt. Die jüngere Sozialgeschichte hat ihre Substanz – besser ihr Drehbuch – in einer Serie von Kampagnen zur Aufrichtung der Selbstachtung, in der immer neue Kollektive sich mit ihren Ansprüchen auf Anerkennung nach vorne wagen.[26] Gewalt und Idealismus sind die Universalsprachen, in denen sich die neuen Gruppen Interesse erzwingen; sie sind die Spezialeffekte, die auf der modernen politischen Bühne unfehlbar Aufmerksamkeit erregen. Jedes neu auftretende politische Subjekt verschafft sich Bedeutung und Beachtung zum einen, indem es sich als Aktionszentrum gebärdet, das wie ein Herr auch drohen und den Ernstfall erklären kann, zum anderen, indem es in sich selbst eine Gipfelposition der wahren Menschlichkeit erkennt. Damit ist klar, daß es bei solchen Reklamationen stets um die Erstürmung der Höhen von gestern zu tun ist – um die Eroberung der Position, die bisher Achtung in Fülle besaß und daher Achtung zu vergeben hatte.

Wo solche Offensiven gewagt werden, liegt schon die Umkehrung der überlieferten Beziehungen zwischen oben und unten in der Luft. Der junge Goethe hat in seinem Gedicht *Prometheus* sogar das Gefälle zwischen Göttern und Menschen umgestürzt und seinen rebellischen Titanen zum Götterverächter gemacht: »Ich kenne nichts Aermeres / unter der Sonn', als

26 Wenn Descartes definiert hatte, die Leidenschaft des *mespris* sei eine Neigung der Seele, die Niedrigkeit oder Kleinlichkeit (*bassesse ou petitesse*) dessen, was sie verachtet, zu betonen, so setzen die neuen sozialen Bewegungen auf die These, daß das Niedrige nicht so niedrig ist und das Kleinliche nicht so klein, daß es nicht doch Anspruch erheben könnte auf *la vraye Générosité, qui fait qu'un homme s'estime au plus haut point.* Vgl. René Descartes, Les passions de l'âme, dt. Die Leidenschaften der Seele, Hamburg 1996, S. 236, 238.

euch, Götter!« Mit der Frage des menschenfreundlichen Titanen an sein eigenes Herz: »Hast du nicht alles selbst vollendet...?« wird der überholten Überwelt ihre Entkräftung attestiert. Von ihr ist keine Hilfe mehr zu erwarten, doch was zu helfen nicht mehr mächtig ist, läßt sich auch als Herd der Vornehmheit nicht mehr bewundern. Was einst das Oberste und Vornehmste war, besitzt von nun an selbst keine Ehre mehr, die es weitergeben könnte. Mit einem Mal sind es die Götter, die uninteressant geworden sind, und die titanisch protegierten Menschen beugen sich mit legitimem neuem Interesse über die Fülle der Rätsel in der eigenen Brust.

Mit einer verwandten Denkbewegung wird Hegel in seiner Analyse der Dialektik von Herr und Knecht zeigen, wie aus dem unterworfenen und verachteten Teil von gestern der herrschende und sich selber achtende Teil von heute hat werden können. Im Anfang hatte der Kontrahent, der in die Knechtsposition geraten sollte, beim Kampf um Anerkennung auf Leben und Tod gezittert; er hatte in dem Tod, der ihm am Ende des ersten Zweikampfs vor Augen stand, seine Grenze gefunden, und in dem, der ihn geben konnte, seinen Herrn erblickt. Infolge seines Zitterns hatte der Verlierer sich unterworfen und mit dem Flehen um sein Leben das Beten gelernt, mit dem Beten die Sklavensprache als das Herrscherlob, den willig-willenlosen Gehorsam und die Zeichen der alleruntertänigsten Demut vor den Siegern, den Gewaltigen und den hohen Erben. Aber indem nun der Knecht unter Verzicht auf direkten Selbstgenuß ein Weltalter lang die reale Arbeit tut, wächst in ihm das praktische Können, das die Welt aufschließt. Er gewinnt die Vollmacht, die im Handanlegenkönnen und im Wissen-Wie besteht, während sich der Herr mehr und mehr in ein impotentes Genießen von Resultaten fremder Leistung verschließt, bei dem er den operativen Griff auf die Dinge verliert. Am Ende bleibt vom Herrn nur eine sensualistische Hülse übrig; der polytechnisch tätige Knecht ist es, der sich als der neue Meister der Welt und seiner selbst zu genießen anschickt. Wenn Hegel, Spinozas Doktrin umkehrend, die Substanz als Subjekt entwickeln will, so hat dieses Unternehmen in der unaufhaltsamen Emanzipation des Knechts die Quelle seiner Plausibilität. Wo Knechte waren, werden Ingenieure, Beamte, Unternehmer, Wähler sein; wo Herren waren, müssen neue Aufgaben definiert werden. Der Herr von gestern, der keine neue Rolle findet, verwandelt sich in den Vampir, das heißt in die metaphysische Version eines überflüssigen Menschen aus dem *ancien régime* – getrieben von einer überholten Anmaßung, die zu unstillbarem Durst verurteilt ist. Nicht zu Unrecht hat Boris Groys notiert: »Für das Massenpublikum war ein Vampir schon seit längerer Zeit die letzte, wenn auch dämonisch-häßliche Verkörperung der aristokratischen Hochkultur im demokratischen Milieu der Lebenden.«[27]

Der verdunkelte Teil der vormaligen Substanz, die knechtische Masse, ist nicht länger verächtlich, wenn sie durch die Bearbeitung und Meisterung aller Materien die Macht ergreift. Mag sie auch am Beginn der geschichtemachenden Kämpfe in die entwürdigte Position geraten sein, denn wer um sein Leben gefleht hat, ist nicht mehr satisfaktionsfähig, so will sie doch am Ende der Geschichte zu der universalen Klasse werden, die sich selbst befriedigt. Der Grund der

27 Kursbuch 129, 1997, S. 143.

Gleichheit aller erscheint jetzt als ihr gemeinsames Heraufgekommensein aus der Uninteressantheit ins »Licht der Öffentlichkeit«. Wer gearbeitet hat, darf sich auch sehen lassen. Doch eben mit dieser Möglichkeit eines allgemeinen Hervortretens macht sich eine neue, für die Zukunftswelt entscheidende grelle Differenz bemerkbar: Infolge der Aufklärung klafft auf, was über die Aufklärung hinausdeutet – die politische Lichtung, der Unternehmungsspielraum, die Marktlücke und die historische Chance dessen, der wagt, um zu gewinnen, und der gewinnt, weil er sein Glück festhielt, als es sich eine Sekunde lang günstig zeigte. Niemand hat die Logik des Emporkommens im Chancenraum der mediatisierten Massensituation klarer erfaßt als Napoleon, der gegenüber Madame de Rémuzat bemerkte: »Der Gedanke der Gleichheit, von dem ich nur Erhöhung erwarten konnte, hatte für mich etwas Verlockendes.«[28]

Daß die nach-knechtische Selbstbefriedigung nicht auf der Stelle erfolgen kann, sondern die Geschichte der Arbeit und die Arbeit der Geschichte zur Voraussetzung hat – diese Mahnung zu historischer Geduld geht schon aus der Hegelschen Untersuchung hervor. Die selbstbefriedigende Masse wird durch einen unvermeidlichen Aufschub vom definitiven Selbstgenuß getrennt. Noch sind die Verhältnise nicht ganz reif, noch bleiben Prämissen für das Genießen zu erfüllen. Vor dem Genuß, die Umverteilung; vor der Umverteilung, die Mehrheitsherrschaft. Für dieses Programm ist Zeit vonnöten, und nur in dieser zielgerichteten Zeit, der eigentlichen Fortschrittsperiode, kann die geduldige Ungeduld mit den Gründen, die

28 Im Schatten Napoleons. Aus den Erinnerungen der Frau von Rémuzat, Leipzig 1941, S. 104.

den Aufschub erzwingen, zur Triebfeder der weiterführenden Geschichtsaktionen werden. Die Zeit soll reif werden, für das, was kommen soll, doch kann, was kommen wird, zugleich nur durch die Ungeduld mit dem Bestehenden dazu gebracht werden einzutreten. Tatsächlich wird die Unzufriedenheit im 18. Jahrhundert gelehrt und im 19. militant; mit Hilfe derer, die als Sprecher der informierten Empörung die Intellektuellen heißen, gibt sie sich eine offensive Verfassung. Kaum einer hat hierzu mehr beigetragen als der junge Karl Marx, als er den Grundsatz der radikalprogressiven Praxis in der unbefriedigten Gesellschaft formulierte:

> »Radikal sein ist die Sache an der Wurzel fassen. Die Wurzel für den Menschen ist aber der Mensch selbst. Der evidente Beweis für den Radikalismus der deutschen Theorie … ist ihr Ausgang von der … Aufhebung der Religion. Die Kritik der Religion endet mit der Lehre, daß der *Mensch das höchste Wesen für den Menschen* sei, also mit dem *kategorischen Imperativ, alle Verhältnisse umzuwerfen*, in denen der Mensch ein erniedrigtes, ein geknechtetes, ein verlassenes, ein verächtliches Wesen ist …« [29]

In diesem Satz kommt die junghegelianische, wir würden heute sagen die sozialdemokratische Ethik zu ihrem vollendeten Ausdruck. Sie gründet in der Forderung, das gesamte System der Verhältnisse aufzuheben, das zur Erniedrigung von Menschen und ihrem Reflex in der Verachtung führt. Nicht wenn die

29 Karl Marx, Zur Kritik der Hegelschen Rechtsphilosophie, Einleitung, in: Die Frühschriften, hg. v. S. Landshut, Stuttgart 1968, S. 216.

subjektive Verachtung des Menschen durch den Menschen behoben wäre, das heißt nach der Liquidierung des Adels als der herablassenden Klasse, wäre der unglücklichen Menge auf ihrer Suche nach Integrität Genugtuung geschehen, sondern erst wenn die realen Gründe für die Verächtlichkeit ihrer Kondition insgesamt aufgehoben würden.

Verächtlich gemacht oder entmenscht werden die Mehrheiten in den traditionellen Klassengesellschaften nach der Einsicht von Marx auf zweifache Weise – politisch in den Ordnungen der verkrümmenden Herrschaft, deren Resultat der herabgedrückte, der servile Mensch ist; gesellschaftlich im System der entleerenden Arbeit, deren Resultat die proletarische Psyche ist. Die beiden Deformationen fließen jedoch – das haben die hellen Autoren des Bürgertums und der Linken nicht gewußt oder nicht wissen wollen – in einem unstillbaren Bedürfnis nach Kompensation und Rache zusammen – einem Bedürfnis, zu dessen Befriedigung die Unterhaltungs- und Erniedrigungsindustrien des 20. Jahrhunderts angetreten sind. Die dritte Verächtlichkeit des Menschen, seine Bloßstellung im System vulgarisierender, prostituierender und flexibilisierender Kommunikationen – dieser interaktive Krebs des Medienzeitalters ist für die Revolutionäre des 19. Jahrhunderts noch außer Sichtweite, nur einige eminente Künstler, Baudelaire und Mallarmé in erster Linie, haben auf die zunehmende Fixierung des Menschen in der Erniedrigung durch Trivialkommunikationen mit prophetischer Heftigkeit reagiert. Was das erste Motiv angeht, die politische Demütigung und Deformation des verängstigten Menschenwesens, hat Marx es an Deutlichkeit zu keiner Zeit fehlen lassen. In einem Brief an Ruge aus dem

Jahr 1843 heißt es:

> »Der einzige Gedanke des Despotismus ist die Menschenverachtung, der entmenschte Mensch … Der Despot sieht die Menschen immer entwürdigt. Sie ersaufen vor seinen Augen und für ihn im Schlamm des gemeinen Lebens, aus dem sie auch, gleich den Fröschen, immer wieder hervorgehen … Das Prinzip der Monarchie ist der verachtete, der verächtliche, *der entmenschte Mensch* …«[30]

In bezug auf die zweite Form der Verächtlichkeit, die aus der Gefangenschaft der Mehrheiten im System entfremdender Arbeit entspringt, blieb Marx einer verführerischen Ambivalenz verhaftet, weil seine Doktrin unfähig war, zu entscheiden, ob sie für die Milderung oder die Verschärfung der proletarischen Misere plädieren wollte. Zu sehr war sie interessiert an dem Trugbild des selbsterlösenden Klassenzorns, der nur aus der tiefsten Verelendung aufsteigen könnte.[31] Dem jungen Marx immerhin war es bei seinem kategorischen Imperativ der Revolution noch um die vollständige anthropologische Revolte zu tun, die Rückführung der sich ausleerenden, ausgebeuteten Substanz in die volle Subjektform. Nur der genießt als der wahre Herr der Zukunft, der ohne Schranken und ohne Rest sein eigenes Produkt verzehrt, lautete die Maxime des authentischen Marxismus, der eben damit seine Ursprünge in den Figu-

30 Ibid. S. 162-163.

31 Walter Benjamin sagt über dieses Marxsche Projekt, noch ganz in der Tonart des Partners in der Illusion: »Aus der amorphen Masse, der damals ein schöngeistiger Sozialismus zu schmeicheln suchte, die eherne des Proletariats herauszuschlagen, stand ihm als Aufgabe früh vor Augen.« Über einige Motive bei Baudelaire, in: Charles Baudelaire. Ein Lyriker im Zeitalter des Hochkapitalismus. Zwei Fragmente, Frankfurt 1969, S. 126.

ren des Idealismus nicht zu verleugnen vermag. Konsum des Ganzen durch das Ganze ist der letzte Gedanke der klassischen Philosophie – er gab dem Jahrhundertbegriff Revolution seine metaphysischen Obertöne und zugleich den Bezug zur Vorstellung von einer irdischen Endzeit, in der sich der Kreis von Produzieren und Genießen geschlossen hätte. Diesen philosophischen Wendungen antwortet aus dem Fernen Osten die Lehre des Mao Tse Tung, daß die Wahrheit aus den Massen geschöpft und zu den Massen zurückgebracht werden muß; wobei, was diesen Zirkel stört, vorgeblich zu Recht der Auslöschung verfällt. Doch schon zu Marxens Zeiten haben die pragmatischen Kräfte der Arbeiterbewegung sich dafür stark gemacht, auch stetige kleine Verbesserungen der proletarischen Situation als Erfolge in dem Langzeitprojekt der Massenkultivierung hoch zu schätzen. Niemand wird dem sozialdemokratischen Pragmatismus seine Wahrheitsmomente abstreiten. Und doch, aus der »verfrühten« Satisfaktion über kleine Schritte zum limitierten Konsum erwächst der Masse und ihren theoretisierenden Schutzherren eine neue Gefährdung: Wie, wenn solcher Fortschritt in der Ebene nur der Strukturwandel der Verächtlichkeit wäre?

Bei diesem Entwicklungsstand hat Friedrich Nietzsche das Problem aufgenommen. Er ist es, der die noch immer aktuelle Arbeit der Zuspitzung in die entscheidende Phase geführt hat. Auch der Autor des *Zarathustra* hat – hierin dem Real-Idealisten Hegel ähnlicher, als die meisten Exegeten beider zugeben – darauf bestanden, daß Verächtlichkeit etwas Objektives sei, das nicht durch bloßes subjektives Aufhören mit dem Verachten aufgehoben werden kann. Die sozialdemokratische Gutmütigkeit kann das Problem des Widerstreits von Vertikalität und Horizontalität im Ringen um Anerkennung nicht lösen. Ja, die von Verachtung scheinbar freie Selbstgefälligkeit des letzten Menschen wird von Nietzsche geradewegs als Inbegriff des objektiv Verächtlichen bestimmt.

> »Wehe, es kommt die Zeit, wo der Mensch keinen Stern mehr gebären wird ... es kommt die Zeit des verächtlichsten Menschen, der sich selber nicht mehr verachten kann.
> Seht! Ich zeige euch den letzten Menschen.
> ›Was ist Liebe? Was ist Schöpfung? Was ist Sehnsucht? Was ist Stern‹ – so fragt der letzte Mensch und blinzelt.«

Es ist nicht die Selbstbefriedigung als solche, die sich hier das Prädikat verächtlich verdient hat; Verächtlichkeit ist die allzu befriedigt zur Schau gestellte Beschränktheit in der Selbstbefriedigung. Verächtlich ist der letzte Mensch in Zarathustras Augen, weil er hat haltmachen wollen bei den profanen, den endlichen, den in der Horizontalen erschöpften »Lüstchen«. Verächtlich sind für ihn die letzten Menschen, weil ihr Genießen nicht nach oben offen ist. Sie scheinen ihm verachtenswert vor allem, weil sie die aristokratischen Leidenschaften, die Passionen der Selbstüberschreitung und die kreative Verausgabung, zu einer Verrücktheit erklärt und damit begonnen haben, die Maßstäbe des herausgeforderten und gesteigerten Lebens insgesamt im Namen einer ausgeheilten Vernunft der Ebene verächtlich zu machen. Den »gemeinen Naturen«, sagt Nietzsche, gilt der von vornehmen Motiven bewegte Mensch als eine Art von

Narren; »sie verachten ihn in seiner Freude und lachen über den Glanz seiner Augen«. »Die Unvernunft oder Quervernunft der Leidenschaft ist es, die der Gemeine am Edlen verachtet.«[32] Verächtlich scheinen also jene Verächter, die abgestumpft sind gegen jede Regung, die über Wertungen, Wünsche und Verständigungsverfahren der selbstbefriedigenden Mitte hinausginge. Zarathustra nimmt es auf sich, den letzten Menschen zu verachten, weil sein Mitgefühl ihm verbietet, ein Menschenleben gutzuheißen, das von sich selbst so wenig verlangt, daß es schon die bloße Möglichkeit von Selbstverachtung abgelegt hat. Wer den Menschen weiterträumt, hütet die Möglichkeit, ihn auch noch zu verachten.

Nietzsches unauslotbare Provokation besteht darin, daß er die Verachtung der Menge für alles, was ihre Einrichtung im Horizont überschreitet, zum Material und zur Widerstandsmasse macht für eine korrektive, eine potenzierende Verachtung. Mit Zarathustras Intervention gewinnt das Verachten eine komplexe Verfassung: In der zweiten Verachtung wird eine vorhergehende Verachtung gegen sich selbst gekehrt und umgewertet. Nietzsches Theorem vom Ressentiment als Flucht der Schwäche in die moralisierende Verachtung der Stärke ist die logische Spur dieser Inversion. Es ist bis heute das mächtigste Instrument zur Deutung der sozialpsychologischen Verhältnisse in der Massenkultur – ein Werkzeug freilich, von dem nicht zu leicht zu sagen ist, wer es handhaben könnte oder sollte. Es liefert die plausibelste Beschreibung des Mehrheitsverhaltens in modernen Gesellschaften und zugleich seine polemogenste Deutung – polemogen, weil es die psychische Dispo-

32 Die Fröhliche Wissenschaft, No. 3.

sition von Individuen, die sich selbst moralisch vorzügliche Motive attestieren, bis in die Ebene ihrer intimen Antriebe als reaktive und detraktive Mechanismen der Antivertikalität beschreibt – womit zwischen »Wahrheit« und »Annehmbarkeit« ein Verhältnis gegenseitiger Ausschließung eintritt; plausibel gleichwohl, weil es dem Erniedrigungsbedürfnis des erniedrigten Selbstbewußtseins eben die Beinahe-Allgegenwart bescheinigt, die ihm in empirischer Hinsicht tatsächlich zukommt. Man kann soweit gehen, zu behaupten, daß Umwertungskämpfe der von Nietzsche aufgewiesenen Art es sind, die das öffentliche Feld der modernen Gesellschaften dynamisieren, und je weiter die massenkulturelle Modernisierung voranschreitet, desto heftiger.

Mit Notwendigkeit tritt nun auch die zweite oder zusammengesetzte Verachtung doppelt auf, einmal von unten als offensive Verachtung der Eliten durch die neuen flexibilisierten Massen, die ihren *way of life* zum Maß aller Dinge machen und sich ihrer verachtenden Beobachter entledigen wollen; und als Verachtung der Massen und ihres breiten Idioms durch die letzten Elitären, die ihre Ziele von der Masse verachtet wissen und ahnen, daß es mit dem, was ihnen am Herzen liegt, in der aufziehenden Massenkultur ein für alle Mal vorbei ist. Was die zweite Position angeht, so wird es wohl für alle Zukunft kaum möglich sein, ihr einen eloquenteren Anwalt als Friedrich Nietzsche zu besorgen. Er hat dem sozialdemokratischen Ideal der universellen Befriedigung menschlicher Grundbedürfnisse die Selbststeigerung der werkschöpferischen Wenigen entgegengesetzt, die unter hohen und höchsten Spannungen leben, obwohl ihre umgebende Gesellschaft längst die Parole

»Laß es sein« ausgegeben hat. Am minoritären und kulturpolitisch aussichtslosen Charakter dieser Option ist längst kein Zweifel mehr möglich – man zitiert sie allenfalls von Zeit zu Zeit herauf, um sie von neuem lächerlich machen zu können. Um die Wortführung für die erste Haltung, von welcher der populäre Angriff ausgeht, bemühen sich seit dem Zweiten Weltkrieg unzählige Intellektuelle des linkshegelianischen und pragmatistischen Hauptstroms, der neuerdings von jungen Aristotelikern und religiösen Begegnungsethikern verstärkt wird. Besondere Erfolge erzielt zur Zeit auf diesem Feld der Philosoph Richard Rorty, der sich ohne Umschweife ins Lager der letzten Menschen stellt – vorausgesetzt daß diese Amerikaner sind – und ihre Kritiker von Kierkegaard und Nietzsche zu Heidegger, Adorno und Foucault unverblümt als anstrengende, unangenehme, heroische Snobs bezeichnet, obwohl er sie weiter in prominenter Position auf seiner Lektüreliste führt. Als Verächter von unten der Verächter von oben predigt der Liberale Rorty, den die Luft von Virginia zum Sozialdemokraten gemacht hat, eine neue Version des amerikanischen Traums – den aufrechten Gang in die Banalität und notfalls eine zweite Trennung von Europa.[33]

33 Rorty spricht von einer »asketischen Priesterkaste snobistischer Intellektueller«, denen man das Bekennntis zu der wenn auch banalen Utopie einer gerechteren Gesellschaft entgegenhalten müsse. Immerhin benutzt Rorty hier, auch wo er sich von Nietzsche abgrenzt, unverkennbar selbst Nietzsches Sprache. Dies unterscheidet ihn von dem globalen und erbitterten Antinietzscheanismus eines Habermas oder eines Luc Ferry; denn während der amerikanische Philosoph ohne Scheu zu Protokoll gibt, daß die menschliche Gattung nicht mehr viel bedeutete, wenn ihr die Fähigkeit verloren ginge, tanzende Sterne zu gebären, verfolgen diese Autoren eine Linie, die auf die Unterwerfung der Kunst durch die Moral, die unumschränkte Herrschaft des Argwohns und die Kontrolle des Denkens durch den Konsensus ausgeht. In Rortys liberalem Ansatz formuliert sich gleichsam ein philosophisches Pendant zu der durch Thomas Mann bekannt gewordenen Forde-

Den letzten eminenten Beitrag zum philosophischen Prozeß um das Verächtliche und sein Gegenteil hat Martin Heidegger in dem berüchtigten Man-Kapitel von *Sein und Zeit*, § 27, beigesteuert. Hier wird mit einer scharfen Wendung gegen Hegels Geistideologie eine moderne Deutung des Menschenwesens vorgetragen: »... die ›*Substanz*‹ des Menschen ist nicht der Geist ... sondern die *Existenz*.«[34] Die Existenz aber ist, für Heidegger, unausweichlich der Schauplatz einer Trennung zwischen denen, die in die Vulgarität der äußerlichen »Machenschaft« verfallen, und denen, die ins eigentliche Hüten-und-Bedenken des Seins gehoben werden. Diese Sortierung wäre demnach das heimliche Grundgeschehen der durch uns sich machenden Geschichte, und von ihm müßte eigens geredet werden. Zunächst aber hat Heidegger mit einem außerordentlichen Portrait das fahle Selbst des Man für die Theorie erschlossen.

Was seinem Portraitisten am Man besonders auffällt, ist die Abwesenheit von allen Zügen, an denen sich das Eigentümliche, das radikal Individuelle und Unvertretbare einer zu sich entschlossenen Existenz aufzeigen ließe. In bezug auf die manhafte Masse gilt, ihrem Phänomenologen zufolge, stets die »unversehens schon übernommene Herrschaft der Anderen. Man selbst gehört zu den Anderen und verfestigt ihre Macht.« Wem aber sein Selbst auf diese man- und

rung an den modernen Künstler, die Spannung zwischen den anarchisch-antisozialen Momenten des Künstlertums und dem Gebot der Selbsteinordnung in die demokratische Gemeinschaft auszuhalten. Il faut être absolument socialdémocrate. In diesem Punkt ist Rorty zuzustimmen. Zitate nach: Richard Rorty, Keine Zukunft ohne Träume, Süddeutsche Zeitung am Wochenende, 30./31. Januar 1999, S. 1. Im übrigen illustriert der Autor die oben erwähnte Schwierigkeit im Umgang mit dem Ressentiment-Argument, indem er es kaltblütig auf Nietzsche selbst anwendet, mit der These, dieser habe *sein* Ressentiment gegen die Masse nicht überwunden.

34 Sein und Zeit, S. 117.

massenhafte Art gegeben ist – und das sind nach Heidegger »zunächst und zumeist« alle ohne Ausnahme –, kann diese Einebnung nicht empfinden.

> »In dieser Unauffälligkeit und Nichtfeststellbarkeit entfaltet das Man seine eigentliche Diktatur. Wir genießen und vergnügen uns, wie *man* genießt; wir lesen, sehen und urteilen über Literatur und Kunst, wie *man* sieht und urteilt; wir ziehen uns aber auch vom ›großen Haufen‹ zurück, wie *man* sich zurückzieht; wir finden empörend, was *man* empörend findet ... Die Öffentlichkeit verdunkelt alles und gibt das so Verdeckte als das Bekannte und jedem Zugängliche aus ... Jeder ist der Andere und Keiner er selbst. Das *Man* ... ist das *Niemand* ...«[35]

Heideggers listige Evokation des Daseins im Modus des Man bezieht alle Einzelnen ohne Ausnahme in die Verächtlichkeit des vorerst gültigen Befundes ein: Wir sind ja immer schon von den ihrerseits unterhöhlten Anderen in solchem Grade unterwandert, daß wir unter keinen Umständen imstande sind, zu unserer »eigenen« Existenz zu finden. Die Ent-Eignung kommt jeder Regung der Eigentlichkeit und Eigenheit zuvor. Unter diesen Prämissen muß Verächtlichkeit als ein Existential erscheinen, das dem Dasein als solchem eingeprägt ist, sofern es zunächst nichts anderes sein kann als verfallenes Mitsein mit verfallenen Anderen. Im Man-Selbst hat der vulgäre Andere den Vortritt gehabt vor dem »eigentlichen« Selbst, das virtuell vornehm werden könnte. Es ist für Menschen im ersten Angang daher unmöglich, nicht verächtlich,

35 Sein und Zeit, S. 126/128.

nicht man-haft, nicht in die Niemands-Diktatur zerstreut zu leben, weil alle fürs erste nur als Man zu sich kommen und in der Regel so bleiben. Und doch ist es der Sinn von Heideggers philosophischem Projekt, die Wende in die Nicht-Verächtlichkeit, in ein radikalisiertes und eigentlich-adliges Dasein vorzubereiten. Wie diese Erweckung zur Ausnahme geschehen sollte, bleibt aber, trotz Heideggers Anrufungen der Angst und der Langeweile als verwandlungsmächtiger Ekstasen, unklar bis zuletzt, zum einen, weil sich nie sicher entscheiden läßt, ob nicht das Verlangen, sich vom Man abzuheben und ein Held des Eigentlich-Seins zu werden, nicht nur die nächste Finte der Vulgarität bedeutet; zum anderen, weil es kein objektiv gültiges Verfahren geben kann, von der vulgären Ausgangslage (aus dem »Zunächst-und-zumeist«) zum Adel des Seins überzugehen. Gewiß ist nur, daß es sich hier nicht um einen Erbadel, sondern allein um eine hybride Form von Dienstadel handeln kann, genauer um einen Berufungsadel, denn die Hüter des Seins können nur von diesem selbst in den Hüterstand erhoben werden. Es scheint, als habe Heidegger den später in Luhmanns Systemtheorie zu höchsten Ehren gebrachten »Beobachter« als den allgemeinen Verächter vorweggenommen, indem er mit Blick auf die moderne Gesellschaft bemerkte, diese habe – im Osten wie im Westen – immer nur die »bodenlose Organisation des Normalmenschen« im Sinn. Dessen charakteristischer Zustand sei der »hassende Verdacht gegen alles Schöpferische und Freie«.[36] Diese hochmütige These erreichte den Gipfel an Plausibilität in einer Epoche, in der gleich welche totalitäre Infamie in der Politik und den Massenmedien auf willige Gehilfen nie lange warten mußte.

36 Martin Heidegger, Einführung in die Metaphysik, Tübingen 1987, S. 29.

III.

Blickt man auf die Entwicklung des modernen *mépris* und sein gelegentliches Aufblitzen in philosophischen, publizistischen und poetischen Reden zusammenfassend zurück, so ist unverkennbar, daß die generalisierten Kämpfe um Anerkennung die mobilisierten Massengesellschaften in permanente Prozesse wilder Gruppendynamik verstricken. Diese sind um so mächtiger, je weniger sie ausdrücklich besprochen und in szenische Regeln gefaßt werden können. Um ihre Deutung, Moderation und Katharsis steht es, wie man leicht erkennt, nicht gut, weil unter den bis heute gültigen Bedingungen Interventionen auf diesem Feld eher als hochmütige Parteinahmen denn als Vermittlungen, als unwillkommene Provokationen, nicht als Aufklärungschancen wahrgenommen werden. Wer auch nur hinweist auf das Bestehen von Achtungs- und Verachtungsproblemen im Raum der gegenwärtigen Gesellschaft, wird, wenn alles wie üblich geht, aus einem nahezu unfehlbaren Reflex massenmedial niedergeschrieen – als sei die Erwähnung eines Problems auch schon die Verletzung einer allgemeinen Schweigeverabredung und als sei die Erinnerung an eine Verlegenheit bereits eine Kränkung, die nach Revanche verlangt.

Dies festzustellen, ist nur eine andere Art, zu sagen, daß alle bekannten Arten von Sozialphilosophie vor dem empfindlichen Problem der modernen Gesellschaft versagen: dem Widerstreit zwischen Horizont und Vertikale. Die Philosophen haben den Gesellschaften nur verschieden geschmeichelt; es kommt darauf an, sie zu provozieren.

Jedoch, wie ein therapeutischer und aufklärerischer Gebrauch der existenten Spannungen und ihrer Aus- und Abflüsse gelingen könnte, ist bislang kaum erörtert worden. Die Ansätze zu aufdeckenden und verwandelnden Praxen ästhetischer, therapeutischer, spiritueller Natur bleiben bis auf weiteres subkulturell blockiert. Unzweifelhaft scheint nur, daß ohne sensible Verbindungen des Humors mit der Gerechtigkeit angesichts der nervösen Problemmassen sich keine Katharsis erreichen läßt. Die komplexe Struktur der modernen Verachtung selbst, die stets als verachtende und als verachtete Verachtung in Erscheinung tritt, macht Annäherungen an das kontaminierte Feld der unsicheren Massennarzißmen und der verletzten Eliteambitionen, und ihre Verschränkungen ineinander, so schwierig wie gefährlich. Was Psychotherapeuten die paradoxe Intervention genannt haben, könnte sich hier leicht als die fatale Intervention erweisen. Der »kalte Krieg« hat eines seiner psychodynamischen Muster in dem permanenten und verhohlenen Ringen der Geltungsbedürfnisse – diesem »heißen Frieden«[37] der Ambitionen und des unruhigen Verlangens nach der anerkannten Fülle. Nicht ausgeschlossen ist immerhin, daß eines Tages eine neue Generation von Öffentlichkeitstechnikern, von Provokationstherapeuten, von politischen Künstlern der Konfrontation und des Ausgleichs auf diesem Feld eine Ära neuer Aufklärungsspiele eröffnet.[38] Ohne Einschränkung

37 Vgl. Antje Vollmer, Heißer Frieden. Über Gewalt, Macht und das Geheimnis der Zivilisation, Köln 1995.

38 Halten wir fest, daß der größte Mediendenker des 20. Jahrhunderts, Marshall McLuhan, der auch als Theorieperformer und massentherapeutischer Rhetor außerordentliche Wirkungen hervorzubringen vermochte, am alteu-

trifft zu, was in einer aktuellen Studie zum Konflikt von *high and low culture* in den USA konstatiert wurde: »When high meets low two open wounds are facing each other ... each side, moving between confidence and despair, suspects the other to represent its lack.«[39]

Die offenen Wunden bezeugen die Not der Vertikaldifferenz zwischen den Menschen, die zugleich unentbehrlich, unvermeidlich und unerträglich ist. Komplikationen im psychopolitischen Feld der modernen Gesellschaft wie die hier angedeuteten werden vom größten Teil der jüngeren ideengeschichtlichen Forschung hartnäckig übersehen. Diese spezialisiert sich darauf, elitistische Äußerungen von Künstlern und Intellektuellen des späten 19. und des beginnenden 20. Jahrhunderts zusammenzutragen – so etwa John Carey, der mit seinem Buch »Haß gegen die Massen – Intellektuelle 1880–1939« ein solides und symptomatisches Beispiel gegeben hat für eine triviale Literatursoziologie, in der das populäre Ressentiment als Modus politisch korrekter Geisteswissenschaft erfolgsgewiß auftritt. Man erfährt aus solchen Büchern im wesentlichen nur, was man wußte: daß Baudelaire die Photographie verwarf, weil sie dem »gemeinen Haufen« ein Mittel an die Hand gab, sein »eigenes triviales Bild zu betrachten«, und daß britische Snobs Reihenhäuser, Bakelitspielzeug und Konservennahrung ohne Angabe von Gründen verhöhn-

ropäischen Abwehrblock gescheitert ist. In Deutschland gehört zu den wichtigsten Aktivisten auf diesem Feld gegenwärtig der Performance-Philosoph Bazon Brock, der nicht nur eine weitgestreute interventionistische Praxis aufweisen kann, sondern auch über eine ausgearbeitete Theorie des symbolischen Eingriffs verfügt. Vgl. B. B., Die Re-Dekade. Kunst und Kultur der 80er Jahre, München 1990.

39 Bettina Funcke, The masses laugh back, Vortrag beim Symposium der Critical Theory Fellows des Whitney Independent Study Program 1998-1999, Whitney Museum of American Arts, 26. Mai, New York 1999.

ten. Autoren solcher Schule pflegen nichts zu ahnen von der Tradition aristokratischer und großbürgerlicher Diskurse zwischen Machiavelli und Hegel über den »Pöbel« und seine Wandlung zum »Volk«. Immerhin ist es die Stimme des Erzaufklärers Voltaire, die wir hören in dem politisch nicht unbedenklichen Satz: »Wenn sich die *canaille* in die Geschäfte der Vernunft einmischt, ist alles verloren.« Es ist die Stimme des Vorkämpfers deutscher Republik, Heinrich Heine, die wir vernehmen in dem Künstlerseufzer: »Die öde Werkeltagsgesinnung der modernen Puritaner verbreitet sich schon über ganz Europa, wie eine graue Dämmerung, die einer starren Winterzeit vorausgeht ...« Und es ist die Stimme des Aufklärers Freud, die leise sich vernehmen läßt, wenn wir in seiner Schrift aus dem Jahr 1921 mit dem Titel *Massenpsychologie und Ich-Analyse* lesen: »Unsere Seele ... ist keine friedvolle, sich selbst regulierende Einheit. Sie ist eher mit einem modernen Staat vergleichbar, in dem ein vergnügungs- und zerstörungssüchtiger Pöbel von einer besonnenen, überlegenen Klasse gewaltsam niedergehalten werden muß.«

So verarmt die erwähnten jungkorrekten Elaborate nach Schreibstil und Denkweise sein mögen, sie leiten sich, über einige Verfallsstufen, von einem geistvollen, wenn auch problematischen Muster her, dessen Quellen in den Deutschen Idealismus zurückreichen. Es war Johann Gottlieb Fichte, der als Urheber der Entfremdungstheorie modernen Typs eine suggestive und folgenschwere Deutung der Frage in die Welt gesetzt hat, warum so viele Menschen ohne erkennbare Not unter ihren Möglichkeiten bleiben und wie es zugeht, daß Unzählige es nicht zu einer inneren Zündung bringen. Fichte wies nach, daß auf dem Grund jedes unentschiedenen und trivialen Daseins ein elementarer Denkfehler begangen wird, ein Fehler, zäh und unbelehrbar wie das entfremdete Leben, entsprungen aus jener unwiderlegbaren Neigung der Subjekte, ihre ursprüngliche Selbsttätigkeit und Produktivität zu vergessen und sich als Dinge unter Dingen, folglich als Opfer äußerer Mächte aufzufassen. Nicht bekannt genug ist Fichtes Wort, die meisten Menschen würden eher dahin zu bringen sein, sich selbst »für ein Stück Lava vom Monde als für ein Ich zu halten« – ein Satz, der den Operationsmodus des vulgärontologischen Denkens namhaft macht: Er beschreibt die unheilige Allianz von Selbstverdinglichung und Selbsterniedrigung, die vom Naturalismus besiegelt und von der Eitelkeit verschönert wird.

Wie man weiß, hat das Entfremdungsdenken in seiner hegelianischen Fassung Schule gemacht und ist über den Marxismus zu einem Geschichtsfaktor des vergangenen Jahrhunderts geworden. Auch wo die philosophischen Momente des Schemas von Urproduktion, Selbstverlust und Wiederaneignung verblaßt sind oder nicht mehr ganz ernst genommen werden, hat die idealistisch-aktivistische Formel zahlreichen Autoren dazu gedient, ein Bewußtsein davon zu artikulieren, daß die Menschen, wie sie vorkommen, in der Regel nicht auf der Höhe sind. Die Unterbietung des Menschen durch den Menschen wird vom Idealismus als chronischer Skandal notiert.

Der Entfremdungsgedanke macht die Vorstellung plausibel, daß es bei Menschen jede Tätigkeit und jede Tugend gewissermaßen zweimal gibt, einmal in vertikaler und einmal in horizontaler Ausführung, einmal authentisch und einmal korrupt, einmal als vornehme Spontaneität und einmal als billige Replik. Bernard

Shaw hat in seiner Komödie *Mensch und Übermensch*, die ebensogut »Die Zähmung des Supermanns durch die Ehe« heißen könnte, die Figur des historischen Don Juan heraufbeschworen, um ihn mit der Aufgabe zu betrauen, die Uneigentlichkeit des ewigen Lebens in der Hölle anzuprangern. Bei Shaw wählen sich alle Verstorbenen ihren Ort im Jenseits selber, und naturgemäß wählen sie ihn so, wie entfremdete Massen zu wählen pflegen. Daher ist die Hölle, die einen Kompromiß aus Massenkultur und *high society* bietet, immer stark besucht, während der Himmel fast leer steht, weil die meisten Ankömmlinge im Jenseits sein asketisches Klima und seine minimalistische Helligkeit fürchten. Wie ein künftiger Programmdirektor im Privatfernsehen preist der Teufel die seichten humanistischen Simulationen an, die seine Sphäre für alle Kreise attraktiv machen, indes Don Juan, Anwärter auf die himmlische Hochkultur, die Unterscheidung zwischen *high and low* beschwört:

> »Ihre Freunde – (das wird an die Adresse des Teufels gesagt) sind die langweiligsten Hunde, die ich kenne. Sie sind nicht schön, sie sind nur geschmückt. Sie sind nicht rein, sondern nur rasiert und gestärkt. Sie sind nicht würdig, sie sind nur modisch gekleidet. Sie sind nicht gebildet, sie haben nur das College absolviert. Sie sind nicht religiös, sie sind nur Mieter eines Kirchenstuhls. Sie sind nicht moralisch, sie sind nur konventionell. Sie sind nicht tugendhaft, sie sind nur feige. Sie sind nicht einmal böse, sie sind nur schwach. Sie sind keine Künstler, sie sind nur lüstern ... Sie haben keine Selbstachtung, sie sind nur eitel ...«

Der Teufel freilich, als hätte er Rorty gelesen, läßt sich von diesen Unterscheidungen nicht mehr fangen. Als Herr der Massenkultur hält er die passende Antwort bereit: Das alles ist nur verbrauchtes Geschwätz, Wiederholung von längst gesagten Dingen, vornehme Phrasen, von denen die Welt keine Notiz genommen hat. Und wenn schon die Lebenden sich gegen den vertikalen Unterschied entschieden haben, kann es die Hölle hierin nicht anders halten.

IV.

In seiner Schrift *Die geistige Situation der Zeit*, die 1931 mit Blick auf die nicht mehr aufhaltbare faschistische Massenreaktion in Deutschland erschien, hat der Philosoph Karl Jaspers bemerkt: »Es beginnt heute der letzte Feldzug gegen den Adel. ... (er) wird in den Seelen selbst geführt.«[40] Wenn Jaspers den damals aktuellsten Angriff einen letzten nennt, läßt er im Ungesagten anklingen, daß eine vorangehende lange Epoche die Mittel und Antriebe zu der vermeintlichen Schlußattacke vorbereitet hatte. Wir verstehen inzwischen, zu welcher Lagebesprechung der Satz des Philosophen gehört: Die letzten offenen Elitären sammeln vor der sicheren Niederlage ihre Argumente fürs Archiv.

Vergegenwärtigen wir die Lage im weiteren Zusammenhang: Die Delegitimierung des politischen Adels war und bleibt die erste bürgerliche Leidenschaft, die sich als mentalitätspolitische Forderung epochenübergreifend durchsetzt; sie gibt den Jahrhundertbefehl aus, dem sich die Tagesbefehle der Kultur unterordnen. Es sollen über dem Dritten Stand kein erster und kein zweiter mehr stehen – das neue Weltalter will die Gleichung von Mensch und Bürger universal geltend machen. Wenn es Adel gäbe, wie hielte ich es aus, kein Adliger zu sein? Also gibt es keinen Adel! – die politische Lehre vom Menschen in der Bürgerzeit hat in diesem Affekt-Syllogismus ihr Fundament. Und wenn es noch Geistlichkeit oder

40 Nachdruck Berlin/New York 1979, S. 177.

Geistigkeit, deutlicher gesprochen: abstandsetzende und daher Freiheit gewährende Formen von Spiritualität und Intellektualität gäbe – wo hätten sie künftig im System der Gleichen ihren Ort? Wo wäre die offene Höhe, von der man sich überragt weiß, ohne daß der revoltische Reflex sie trübt?

Durch den egalitären Affekt wird unendlich viel mehr ausgedrückt als nur die Fähigkeit des plebejischen und kleinbürgerlichen Narzißmus, psychische Epidemien zu entfachen. Er geht auch bei weitem über bloße anti-aristokratische Ressentiments hinaus. In ihm artikuliert sich das epochale Postulat, daß jede Art von anthropologischer Differenz für unwirklich und ungültig zu erklären sei – und zwar weil Unterscheidungen am Menschen von dieser radikalhierarchischen Art im Begriff waren, in der entstehenden funktional differenzierten Gesellschaft nicht nur überflüssig, sondern auch anstößig zu werden.[41] Als Wissenschaft von der einen und allgemeinsamen menschlichen Natur wird die Anthropologie, die im 17. Jahrhundert Form annimmt und vom 18. an triumphiert, zugleich die Wissenschaft von der Abschaffung des Adels und der Geistlichkeit, ja mehr noch die Wissenschaft von der Aufhebung aller angeblichen Wesensunterschiede zwischen den Menschen. Diese erste engagierte Humanwissenschaft vergißt ihren Auftrag zu keiner Zeit. Mit methodischem Ernst und strategischer Finesse verfolgt sie ihr vorgegebenes Ziel: Sollte es nötig sein, um der zu verneinenden Wesensunterschiede willen das Wesen selbst abzuschaffen – sie wird auch diesen Preis ent-

41 Vgl. hierzu Niklas Luhmann, Interaktion in Oberschichten: Zur Transformation ihrer Semantik im 17. und 18. Jahrhundert, in: N. L., Gesellschaftsstruktur und Semantik. Studien zur Wissenssoziologie der modernen Gesellschaft, Band 1, Frankfurt 1980, S. 72-161.

richten. Anti-Essentialismus ist nicht umsonst das logische Element der Massenkultur, zu welcher strukturell die in Subsysteme ausdifferenzierte Gesellschaft gehört. Der wesentliche Unterschied – das ist die Spur des *ancien régime*, die es auszulöschen gilt; die wesentliche Gleichheit – sie weist der kommenden *res publica* die Bahn. Hier muß die Anthropologie Hilfe leisten: Wie der alte Adel seine Wesensdifferenz aus der erhobenen Geburt und ihren Sonderrechten zu begründen suchte, so lanciert nun das Bürgertum einen Diskurs über die gleiche Geburt und das angeborene Recht aller, doch für diesmal nicht, um Wesensunterschiede, sondern um Wesensgleichheiten, notfalls auch die Gleichwesenlosigkeit oder die Unverbindlichkeit des Angeborenen zu bezeugen. Die Tonart solcher Reden hat Beaumarchais bekräftigt, als er in seinem Lauffeuerstück *Der tolle Tag* den selbstbewußt gewordenen Diener, Figaro, im inneren Dialog an seinen Herrn eine prophetische Provokation adressieren läßt:

> »Was hat denn der Herr Graf schon geleistet, um ein so großer Mann zu sein? Er hat sich die Mühe gemacht, geboren zu werden – das ist alles.«
> (5. Akt, 3. Szene)

Wenn ein Weltzustand – Hegels Ausdruck – an einem einzelnen Satz zugrunde gehen könnte, es müßte an diesem Wort sich zeigen lassen. *Qu'avez-vous fait pour tout cela? Vous vous êtes donné la peine de naître – et rien de plus!* Die Mühe, geboren zu werden – das ist an der Oberfläche die stärkste Parole der Gleichheitswelt, denn wer hätte sie nicht auf sich genommen? – und zugleich ist es das unverstandene

Grundwort einer noch nicht gelernten Kunst, die unverfügbaren Verschiedenheiten der Menschen im Licht ihrer Geburtsmühen und deren biographischen und politischen Projektionen auszulegen.

Aber fürs erste ist von Differenzen zwischen den Leicht- und den Schwergeborenen bei der Werterergreifung der bürgerlichen Subjekte nicht die Rede. Daß das Ereignis selbst Grund der Differenz ist, das ist ein Gedanke, der sich bis auf weiteres nicht denken läßt. Geburt ist Geburt, mit dieser Überzeugung stoßen die Akteure der kommenden Dinge das Tor zur Gattungszukunft auf. Alle Gleichheit hat ihren Grund in der Gleichheit vor dem Zufall, gezeugt und geboren worden zu sein. Darüber hat sich niemand deutlicher ausgesprochen als Pascal in seiner *Anrede an die Großen*:

> »Eure Geburt hängt ab von einer Heirat – oder vielmehr von allen Heiraten derer, von denen Ihr abstammt. Aber wovon hängen diese Heiraten ab? Von einem zufälligen Besuch, von einer Unterhaltung im Freien, von tausend unvorhergesehenen Gelegenheiten.«[42]

Die große Kette der Heiraten ist aus lauter Zufällen geschmiedet, und wer vom Zufall abstammt, kann unmöglich hochgeboren sein.[43] *Inter faeces et urinam nascimur*, das ist nicht länger der antike Seufzer über die prekären physiologischen Anfänge des Mensch-

42 Gedanken, Erste Abteilung, Zwölfter Artikel (Discours sur la condition des Grands).

43 Erst Nietzsche hat einen Weg gesehen, wie sich der Zufall als Nobilitätsgrund rehabilitieren läßt: »Von Ohngefähr, das ist der älteste Adel der Welt, den gab ich allen Dingen zurück, ich erlöste sie von der Knechtschaft unter dem Zwecke«. Also sprach Zarathustra III, Vor Sonnen-Aufgang.

werdens im mütterlichen Engpaß, das Wort wird jetzt zum anthropologischen Axiom und zur Parole in der Kampagne gegen die ungleichen Geburten. Die Zeugungszufälle und die Geburtskanäle werden in einer einzigen allgemeinsamen Kontingenz zusammengefaßt. Herauskommen ist alles. Das Geborensein stellt sich nun selbst als zureichender Grund des universellen Geburtsrechts vor, das sich immerhin erst in der Allgemeinen Erklärung der Menschenrechte von 1948 *expressis verbis* als eine ausnahmslos allen Menschen zukommende »Würde« ansprechen läßt. In diesem Ausdruck kondensiert sich das neuzeitbegründende Paradoxon eines *Privilegs für alle*. Es vollzieht die Demokratisierung der Vornehmheit. Weil allen Menschen Menschenwürde zukommt, dürfen alle zu allen aufschauen. Der Mensch hat die vertikale Differenz in sich selbst.

Wo, erstmals in der menschlichen Geschichte, die inklusive Demokratie gewagt werden soll, dort kann sie auf ihre gynäkologischen Garantien offenbar nicht verzichten. Erbtitel und Exklusivrechte fallen beiseite, wo Bürgerärzte die Arbeit aufnehmen. Rousseau übernimmt von Hobbes den Stab in der Staffel der Subjektivierung. Der Mensch wird frei geboren und liegt doch überall in Ketten; überall werden die Menschen in nahezu derselben Weise entbunden, und alle sollen doch nicht mehr, nicht weniger Freiheit haben als Säuglinge, die nach der Zertrennung der Nabelschnur ihren Erziehern als den wahren Menschenmachern übergeben werden. Die Epoche gehört darum den Lehrern und den Frauenärzten, die ihre Tätigkeitsfelder extensiver denn je definieren. Ihrer Kompetenz in Fragen der Menschenproduktion soll sich niemand entziehen dürfen: von der Fötagogik über die Pädagogik zur Anthropogogik.[44] Nicht zuletzt aufgrund der nahezu lückenlosen Wirksamkeit dieser Humanexperten beginnt die Bürgerzeit als Nationenzeit, das heißt als Weltalter der großen Natalitätskollektive, in denen die Menschen ihre Gleichheit als Gleichentbundene, als naturidentische Ankömmlinge im selben natalen Raum, begreifen.[45] Eine Nation ist zuerst ein Standort von Entbindungshäusern, danach erst ein Netzwerk von Kreiswehrersatzämtern, sodann eines von Volksschulen und Gymnasien, und schließlich von Kiosken und Theatern. Vor allem aber ist die Nation ein Genialitätsstandort: hier werden große Männer geboren, die keinen Stammbaum mehr brauchen, der bis zu den Heroen und Göttern zurückreicht, weil sie selbst unmittelbar zur Natur sind. Die Rückkoppelungen zwischen diesen – und einigen weiteren, vor allem ökonomischen – Instanzen der Menschenformung und Menschenfassung[46] erzeugen den Effekt »moderne Gesellschaft«.

Will man zu dieser Ära in Erfahrung bringen, wie die neuen Gleichen über ihre Gleichheit denken, so ge-

44 Schon im 17. Jahrhundert dehnen neue Pädagogen ihren Menschenformungsanspruch auch auf den Adel aus, dessen Erziehungspraktiken sich noch in keiner Weise den moralischen Standards und Methoden bürgerlicher Bildung fügen. Der Theosoph und Staatstheoretiker Johann Joachim Becher attestierte in einer Schrift von 1669 den Adligen geradewegs, sie zögen ihre Kinder bloß zu »adelichen Bestien« heran. Zur Quelle vgl. Anm. 46, S. 122. Auf Becher geht auch der Ausdruck Anthropogogia, Menschenzuchtlehre, zurück.

45 Über den Zusammenhang von Nationalität und Natalität vgl. vom Verfasser: Versprechen auf Deutsch. Rede über das eigene Land, Frankfurt 1990, S. 53-67, Kapitel 4: »Landeskunde von oben und innen. Zur Einführung in die Theorie der allgemeinen Einwanderung«; sowie: Zur Welt kommen – zur Sprache kommen. Frankfurter Vorlesungen, Frankfurt 1988, S. 99-143, Kapitel 4: »Poetik der Entbindung«.

46 Vgl. Walter Seitter, Menschenfassungen. Studien zur Erkenntnispolitikwissenschaft, München 1985. Der Autor erinnert im Anschluß an Michel Foucault an die Leitvorstellung der neuzeitlichen »Polizey-Wissenschaft«: aus Leuten Menschen zu machen.

nügt es, einen Blick in die Textbücher der maßgeblichen Autoren und Komponisten zu werfen, wo der zum Herrn seiner selbst ausgerufene Mensch soeben lernt, die Naturlaute der Emanzipation hervorzubringen. Fragt man ihn ohne Umschweife, »Wer bist du?«, so antwortet er unweigerlich mit Papageno, »ein Mensch wie du!« Will man wissen, was er letztlich möchte, so erwidert er mit Leporello: *voglio far il gentiluomo / e non voglio più servir.* Mensch sein heißt jetzt den Dienst aufkündigen, und mit dem Dienst die vorgefundene Differenz.[47] Der demokratische Mensch entdeckt in sich, unter der Wirkung des Prinzips der Ähnlichkeit aller mit allen, schier unendliche Reserven an Mitleid mit jenen, die mühselig und beladen sind. »Je weniger er sich blenden läßt, desto mehr läßt er sich rühren. Je weniger ehrerbietig er ist, desto mehr ist er zu beeindrucken.«[48] Das Mitgefühl ersetzt die Herablassung.

Durch die Verwerfung der gefundenen Differenz tritt die moderne politische Anthropologie in das Stadium ein, in dem sie – wie man im junghegelianischen Jargon zu sagen pflegte – die Massen ergreift. Alain Finkielkraut hat jüngst in seinem Buch *L'humanité perdue* für diesen Augenblick einen glücklichen Ausdruck gefunden. Seit das große Geheimnis der Menschen, sagt der Autor, das von den Herren ängstlich gehütete Geheimnis ihrer Gleichheit, vom 17. Jahrhundert an ausgeplaudert war, nicht zuletzt durch die bußfertige Indiskretion des großen Pascal, beginnen die Zeitgenossen »ihre Ungleichheit anders zu le-

47 Zu Beginn des 18. Jahrhunderts schon hatte Jonathan Swift in seinen satirischen »Anleitungen für Dienstboten« Regeln ausgearbeitet, die wörtlich verstanden zur Sabotage des Dienstes durch den Diener führen.

48 Alain Finkielkraut, L'humanité perdue. Essai sur le XXe siècle, Paris, 1996, S. 33.

ben«. Ich glaube, es hat nie eine bessere Definition für das Experiment moderner Demokratie gegeben. *Vivre autrement l'inégalité*.[49] Mit dieser Formel vor Augen läßt sich die Frage, was das demokratische Weltalter mit den Menschen vorhat, in Aussicht auf eine triftige Antwort wiederholen.

Das demokratische Projekt beruht auf dem Entschluß, die Andersheit der Menschen anders zu deuten – und zwar so, daß die gefundenen Unterschiede zwischen ihnen verworfen und durch gemachte Unterschiede ersetzt werden. Zwischen *finden* und *machen* verlaufen künftig die am heftigsten umkämpften Grenzen: die zwischen Bewahrungsinteresse und Fortschrittlichkeit, die zwischen Unterwerfung und Selbstbestimmung, die zwischen ontologischem Vernehmen und konstruktivistischem Neu- und Andersmachen, und letztlich auch die zwischen *high and low culture*. Wenn Jaspers zu Beginn der dreißiger Jahre von einem *letzten* Feldzug gegen den Adel sprechen konnte, drückte er damit seine realistische Einschätzung aus, daß von nun an die Unterschiedemacher so weit sind, den vermeintlichen Unterschiedefindern ihre verbliebenen Rückzugsstellungen zu entwinden – in der Philosophie, in der Pädagogik, in den Geschlechterverhältnissen und schließlich und vor allem in der Kunst, der Hochburg des alt-neuen Unterschieds. Sie sind so weit, weil sie das Generalargument gegen das Finden von Differenzen in der Natur bis zu dem Punkt abgeklärt haben, wo jeder Anwender es nach wenigen Übungen einsetzen kann: Was auch immer als in der Natur Gefundenes und Gegebenes präsentiert wird, läßt sich als von den Interessenten selbst Gemachtes oder Gedeu-

49 A. a. O., S. 31.

tetes entlarven; jede Unterscheidung fällt auf den Unterscheider zurück. Es gibt von jetzt an wirklich keine Tatsachen mehr, es gibt jetzt nur noch Interpretationen. Pluralität von Interpretationen bedeutet chronischen Streit an der Basis über den Sinn dessen, was überhaupt als das Basale gelten soll – denn es gibt auch keine externen Bedingungen aus der Natur mehr, es gibt nur noch »soziale Konstrukte«. Es gibt nur noch konstruierende Parteien in dem Parlament der Fiktionen, das wir die Öffentlichkeit nennen.

Daran hängt die Kette der durchzusetzenden revolutionären Revisionen: Es gibt keine Herren, es gibt nur Unterwerfungsprozesse; es gibt kein Talent, es gibt nur Lernprozesse; es gibt kein Genie, es gibt nur Produktionsprozesse. Es gibt keine Autoren, es gibt nur Programmierungsprozesse – und programmierte Programmierer.

Sobald diese Korrekturen am klassischen Bild von der Natur der Dinge sich zum neuen Konsensus verallgemeinern, werden alle traditionellen Gestalten der anthropologischen Differenz außer Kraft gesetzt, nicht nur in den Sprachspielen der theoretisierenden Klasse, sondern auch im Alltag der mobilisierten Gesellschaft. Die Götzen, die der metaphyische Unterschied zwischen den Menschen aufgerichtet hatte, werden ohne Ausnahme gestürzt – beginnend mit den theokratischen Idolen. Wir sind seit langem der ruhigen Überzeugung, daß uns nichts fehlt, wenn sich bei uns keine Gottkönige, keine Inkarnationen, keine Avatare und keine Erleuchteten mehr zeigen. Unsere politische Kultur als ganze ist auf der Negation der ersten anthropologischen Differenz aufgebaut – wir wollen nichts mehr von Göttern hören, die in Menschen nachhaltig anwesend sein könnten und die inmitten der Gattung einen Unterschied zwischen Gottmenschen und bloßen Menschen zu bedingen vermöchten. Sentimentale Sympathien für den Dalai Lama ändern hieran nichts; sentimentale Interessen an einem gewissen Christus und seinen zwei Naturen, von denen die eine doch entschieden stört, ebensowenig. Die Differenz, auf der die Theokratien beruhten, erscheint inzwischen den meisten so lächerlich, winzige religiöse Subkulturen ausgenommen, daß es sich von vorneherein erübrigt, im einzelnen nachzuweisen, daß sie niemals eine real gefundene, immer nur eine unbewußt – oder schlimmer noch: betrügerisch gemachte Differenz – sein konnte. Es war der Sinn des politischen Atheismus, jede historische Religion zu vernichten, in der sich die Prämissen zu einer im Ernst vollziehbaren Unterscheidung von Mensch und Gottmensch finden ließen.

Auch mit der zweiten Form der anthropologischen Differenz, der zwischen dem Heiligen und der profanen Menge, haben wir Modernen nicht mehr viel Geduld. Denn wie leicht läßt sich zeigen, daß die sogenannten Heiligen – wenn sie nicht bloße Projektionen der Menge waren – in der Sache nichts anderes als Athleten gewesen sind, die sich sehr ungewöhnlichen spirituellen Trainingsroutinen unterwarfen, von denen die exzessivsten darin bestanden, jahrzehntelang auf einem Bein zu stehen oder alle Menschen ohne Rücksicht auf ihre Eigenschaften zu lieben! Solche Übungen haben heute praktisch aufgehört, ein öffentliches Interesse zu erregen. Die Aufforderung, auf ein neues Geschlecht von Heiligen zu warten, findet nur noch in einer eher verstiegenen Spielart des intellektuellen Katholizismus Kredit.[50]

50 Für ein Beispiel katholisch motivierter Appelle an die Heiligen als angeblich

Die moderne Gesellschaft hat ihrer Logik gemäß ganz recht daran getan, die Heiligen durch die Spitzensportler zu ersetzen – und die sündige Mehrheit durch die Zuschauer. Überdies hatte schon das Christentum die Idee des Heiligen ins Kollektive entwikkelt und in der *communio sanctorum* die Denkfigur jener »christlichen Demokratie« vorbereitet, die in der Moderne zu einer Fraktion unter anderen werden sollte. In ihr ist jene »gute Masse« als Ensemble von gehorsamen Einzelnen vorgedacht, die als die wahre Masse aus revolutionären Kooperateuren in den kanonischen Schriften der Linken wiederkehren sollte. Die Maler der italienischen Renaissance haben den Übergang ins homogen Menschliche vorweggenommen, als sie im 15. Jahrhundert damit begannen, die Personen der Heiligen Geschichte ohne die bis dahin obligaten Heiligenscheine darzustellen. Wer vom Verlust der Aura redet, handelt von dieser Ebbe der Transzendenz. Das Jenseits ist in der Moderne bis zur Unkenntlichkeit diskret geworden: Gott verzichtet jetzt nicht nur auf seine Fähigkeit, sich *in* einem singulären Menschen zu verkörpern, er verliert offenbar auch das Interesse daran, *durch* gewisse Einzelne hindurchzuleuchten.

Was die universellste Figur der anthropologischen Differenz angeht, die zwischen dem Weisen und der Menge – eine Differenz, ohne welche keine der historischen Hochkulturen auskam –, so ist sie auf dem Boden Europas und der USA in kaum zweihundert Jahren durch eine doppelte Aufklärung ausgelöscht worden: Der erste Schlag gegen das Konzept des Wei-

einzige zukunftsfähige Gestalten von homo sapiens vgl. Carl Amery, Die Botschaft des Jahrtausends. Von Leben, Tod und Würde, München und Leipzig 1994.

sen wurde von der Evolutionstheorie geführt, die das Prädikat *sapiens* aus der Opposition zum Terminus *insipiens vulgus* herausgenommen hat, um es geradewegs und ohne pädagogische Skrupel zum Gattungsnamen zu machen: *homo sapiens sapiens.* Man sieht hier, wie der szientistische Egalitarismus den elitären Philosophen mit einem Ausdruck zweimal vor die Füße spuckt. Den anderen Schlag führte die moderne Kritikkultur, indem sie den Weisen durch den Intellektuellen ersetzte, beginnend mit den *philosophes* des 18. Jahrhunderts – Diderot: »Beeilen wir uns, die Philosophie populär zu machen!« – und endend bei den Skeptikern, Konventionalisten und Dekonstruktivisten der Gegenwart, die das Konzept des evidenzbasierten, souverän machenden, positiven Wissens überhaupt zu Fall bringen wollen. Wo das Wissen seine im objektiv Realen gegründete Fundament-Rolle verliert und nicht mehr bedeuten soll als ein Medium des höheren Vermutens und ein Hilfsmittel für das stets dilemmatische Wählen zwischen kleineren und größeren Übeln, dort begründet die avancierte Informationsdemokratie sich selbst als einen Konvent von ungefähr gleich Unwissenden, die in einem gemeinsamen Halbdunkeln, diesseits des Tragischen, nach relativ besseren Lösungen ihrer relativ verallgemeinerbaren Lebensprobleme suchen – Rorty spricht die Wende offen aus, wenn er den »Vorrang der Demokratie vor der Philosophie« statuiert. Darum schießen in aller Welt jene Ethikkommissionen aus dem Boden, die als Institute der überwundenen Philosophie den Weisen ersetzen sollen.[51] Wer diesen Arbeitsgemeinschaften der aufgeklärt Nicht-so-sehr-

51 Daher das Absterben des Autor-Philosophen vom Typus Adorno und seine Ersetzung durch das Muster des Kongreß- und Kommissionsphilosophen.

Wissenden nicht beitreten will, muß sich jetzt unter dem Spottnamen eines Fundamentalisten ausgrenzen lassen. Tatsächlich, Fundamentalisten sind, am Maßstab des postmodernen Wissens gemessen, bestenfalls ungleichzeitige Demokraten, die auf eine überholte Weise an ein unbedingt orientierendes Wissen glauben – ein Wissen, das für sie nicht zur Disposition steht, und wenn die Welt voll Konventionalisten wär.

So bleibt nur noch die vierte Gestalt der veralteten anthropologischen Differenz zu erledigen, die zwischen den Begabten und den Unbegabten – eine Unterscheidung, mit deren Aufhebung die moderne Gesellschaft sich schwerer tut als mit den anderen metaphysisch codierten Unterscheidungen am Menschen, weil sie mit dieser ihren eigenen Gründungsmythos antastet. Doch die prozessierende Massenkultur gewährt auch ihren früheren Stadien keinen Pardon. Gewiß, als der Feldzug gegen den Adel und das empörende Oben in den Anfängen stand, war es die wichtigste Strategie des offensiven Bürgertums gewesen, den Feudaladel zu delegitimieren, indem man sich auf einen gültigeren Adel, auf die Naturaristokratie des Talents und des Genies, berief. »Adel des Geistes« ist eine Epochendevise, nicht nur ein zufälliger Buchtitel.[52] Sie erklärt, warum unzählige Einzelne in der Bürgerzeit des Glaubens sein konnten, im Namen der Bildung an den humanistischen Adelsgütern Anteil gewinnen zu können. Zudem fiel auf, daß der bloße Erbadel am Maßstab der Bildung gemessen oft nicht mehr als eine manierenbewußte Barbarei gewesen war. Der englischen Aristokratie insbesondere ist ihr prä-alphabe-

52 Vgl. Thomas Mann, Adel des Geistes. Sechzehn Versuche zum Problem der Humanität, Stockholm 1948.

tischer Charakter oft attestiert worden. »So sagte der Herzog von Gloucester zu Edward Gibbon anläßlich der Veröffentlichung seines Buches ›Decline and Fall‹: ›Wieder so ein verdammtes dickes Buch, nich' Mister Gibbon? Kritzeln, kritzeln, immer kritzeln, nich', Mister Gibbon.‹«[53] Was die bürgerliche Ehrfurcht vor dem Werk angeht, so war sie verantwortlich für die uns heute so erstaunlich scheinende Fähigkeit des Publikums in den kulminierenden Nationalstaaten, seine Klassiker wie sein bestes Selbst zu hegen. Aber diese Achtungsallianz war, wie man nachträglich erkennt, durch ein Band geknüpft, dessen Lockerung und Zerreißen nur eine Frage der Zeit sein konnte. Die großen Autoren und Künstler der Bürgerära fungierten als Führer im Aufstand gegen den obsolet gewordenen Erbadel – diesem Offensivkrieg der neuen gegen die alten Ambitionen, der seit mehr als zweihundert Jahren durch jede moderne Generation hindurchschneidet.

Was nun folgt, geschieht nach einer Gesetzlichkeit, an der allein erstaunlich ist, daß man sie nicht viel früher ausführlich untersucht hat. Die Teilnehmer einer Kampagne sind nach der Schlacht nicht mehr dieselben wie vor ihr; der völlige Erfolg gerade läßt sie der eigenen Feldparolen müde werden. Nach zweihundert Jahren siegreicher Talentreligion sieht für die Angreifer die Welt verändert aus. Eines Tages fällt es ihnen wie Schuppen von den Augen, daß sie auch die Natur, diese große Alliierte des Bürgeraufstiegs, wie einen Hof konzipiert hatten, an dem es weiterhin Lieblinge und Favoritenrollen gibt. Die Natur ist also bei Licht betrachtet genauso ungerecht und launen-

53 Marshall McLuhan, Die magischen Kanäle. Understanding Media, Düsseldorf und Wien, 1968, S. 21.

haft wie der absolutistische Fürst, mehr noch, sie ist der Absolutismus des Zufalls in reinster Form. Mit dieser Beobachtung werden Talent und Genie anstößig für alle, die auch vom Erscheinen leben müssen[54] – zuerst ist es ein Unbehagen, dann folgt der Haß mit seinem Anhang an guten Gründen. Das Verlangen nach Auslöschung und Einebnung schiebt sich in den Spalten des Feuilletons ans Licht. Die von Canetti beschriebene Hetzmeute tritt als Hetzmitte auf den Plan. Sie setzt die Liquidierung des Natur- oder Talentadels auf die ideenpolitische Tagesordnung. Man mag den vornehmen Ton, ob den neuerlich erhobenen oder den älteren, jetzt gar nicht mehr hören, und den begabten Ton, wenn man sichs überlegt, erst recht nicht. Die Parole heißt von nun an: Vorrang der Demokratie vor der Kunst!

Wie jeder unbenommene Beobachter der geschehenden Kunstgeschichte bestätigt, ist das Drama der modernen Kunst von Spannungen dieses Typs zuinnerst durchzogen; ohne Einsicht in das Mandat, die Selbstliquidierung des Genies in den Formen der Kunst selbst zu exekutieren, bleiben weite Teile des Kunstgeschehens im abgelaufenen Jahrhundert undurchdringlich. Man sieht es exemplarisch an Joseph Beuys, der als Genie beginnt und als Sozialarbeiter aufhört; man sieht es an Andy Warhol, der sein Talent früh genug vom Kunstmachen zum Geldmachen verschiebt und damit das Kriterium der Popularität in dem Maß erfüllt, wie ein Star der Subjektlosigkeit es erfüllen kann; und man sieht es vor allem an Marcel Duchamp, der außer Konkurrenz der Symptomkünstler des Jahrhunderts ist, weil er die Kunst, endlos interpretierbare Quasi-Werke auszustellen, vom Talent im

54 Die Formulierung ist von Niklas Luhmann.

Atelier emanzipiert und geistesgegenwärtiger als alle übrigen, mit einem buddhistischen Lächeln auf den Lippen, den Nachweis geliefert hat, daß das, worauf es jetzt ankommt, besser zu erreichen ist, wenn man sich vom Fetisch des Talents nicht länger beirren läßt. Talent, wie man es bisher verstand, stört doch nur. Es ist für den, der es hat, doch nur eine Falle, für den, der es nicht hat, doch nur ein Ärgernis. *Genius go home.* Sobald das hingeschrieben ist, haben wir im Prinzip Klarheit über die Prämissen der Gegenwartskultur erreicht und können uns den Folgerungen zuwenden. Wir haben verstanden, daß die Kulturkämpfe in den neuzeitlichen Gesellschaften mehr waren als die semantischen Spiegelungen von sozialen Konflikten, seien es Klassenkämpfe und Geschlechterkämpfe, seien es Reibungen zwischen Mehrheits- und Minderheitskulturen oder Spannungen zwischen kirchlichen Mentalitätsmächten und offensivem Säkularismus.[55] Sie waren auch mehr als die kulturellen Projektionen des Weltbürgerkriegs[56] zwischen den Partisanen der Freiheitsidee und denen der Gleichheitsidee, der das umfassendste Konfliktgeschehen des 20. Jahrhunderts bildete. Es zeigt sich vielmehr, daß das Phänomen Kulturkampf als solches der Streit ist, in dem über die Legitimität und Herkunft von Unterschieden überhaupt gerungen wird. Wie die religiöse Metaphysik von der Frage beunruhigt wurde, woher das Böse stamme, so die säkulare Gesellschaft von der Frage, woher sie ihre Unterschiede nehmen soll.

55 Auch die von Peter Glotz verzeichneten oder prognostizierten Kulturkämpfe im »digitalen Kapitalismus«, insbesondere an der Front zwischen der schnellen und der langsamen »Klasse«, gehören auf dieselbe Ebene.

56 Im Sinne der Rekonstruktion von Dan Diner.

V.

Es ist die Rache der Geschichte an uns Egalitaristen, daß auch wir mit dem Zwang zu unterscheiden unsere Erfahrungen machen müssen. Von dem politisch-anthropologischen Pensum der modernen Menschen, ihre Ungleichheit anders zu leben, ist dieser Lernzwang unabtrennbar. Wie gezeigt, sollen nach der konstruktivistischen Revolution alle gefundenen Unterschiede in gemachte umgearbeitet werden. Die alten Unterschiede, denen man sich unterwarf, weichen den neuen, die man selbst erzeugt – um sie so oft wie nötig zu revidieren.

Das Projekt, die Masse als Subjekt zu entwickeln, erreicht sein kritisches Stadium, sobald wir die Regel aussprechen, daß alle Unterscheidungen als Unterscheidungen der Masse vollzogen werden sollen. Es versteht sich von selbst, daß die Masse keine Unterscheidungen vornimmt oder gelten läßt, durch die sie auf die schlechte Seite fiele – sie unterscheidet, sobald sie die Vollmacht zu unterscheiden hat, immer und ohne Scheu zu ihren Gunsten. Sie setzt alle Vokabulare und Kriterien außer Kraft, bei deren Gebrauch ihre Beschränkungen ausgesprochen werden könnten; sie delegitimiert alle Sprachspiele, die sie nicht gewinnt. Sie zerschlägt alle Spiegel, die ihr nicht versichern, sie sei die schönste im ganzen Land. Ihr normaler Zustand ist der einer permanenten Urabstimmung über die Verlängerung des Generalstreiks gegen den höheren Anspruch. In diesem Sinn ist das Projekt Massenkultur auf radikal anti-nietzscheanische Weise nietzscheanisch: Seine Maxime heißt Umwertung aller Wertungen als Umwandlung aller Vertikaldifferenz in Horizontaldifferenz.

Weil aber, wie gesehen, alle Unterschiede auf der Basis der Gleichheit, also einer im voraus festgesetzten Ununterschiedenheit, vorgenommen werden, sind alle modernen Unterscheidungen mehr oder weniger akut von der Indifferenz bedroht. Der Differenzkult der aktuellen Gesellschaft, wie er sich von der Mode bis in die Philosophie ausbreitet, hat seinen Grund darin, daß man alle horizontalen Differenzen zu Recht als schwache, widerrufliche, konstruierte empfindet. Durch heftige Betonungen werden sie lautstark hervorgekehrt, als gelte jetzt auch für Unterschiede das Gesetz vom Überleben der Fittesten. Aber all diese Manöver verfangen nicht wirklich, denn die formidablen Designer und Denker der Differenz setzen nirgends mit einer Unterscheidung ein, sondern mit einer pathetischen Nicht-Unterscheidung, mit dem egalitären Axiom nämlich, das will, daß alle Unterscheidung von der Masse ausgeht, die ihrerseits *per definitionem* ununterschieden ist – sofern sie aus homogenen Partikeln besteht, die sich die vorgeblich gleiche Mühe gemacht haben, geboren zu werden. Das Prinzip der Identität, auf dem die klassische Philosophie beruhte, besteht unter diesem Blickwinkel gesehen unangefochten fort, ja es verschafft sich mächtiger denn je Geltung, es hat nur seinen Namen gewechselt und tritt um eine Dimension sekundärer, negativer, reflexiver auf. Wo Identität war, soll Indifferenz werden, sprich eigentlich differente Indifferenz. Differenz, die keinen Unterschied macht, ist der logische Titel der Masse. Von nun an müssen Identität und Indifferenz als Synonyme verstanden werden.

Noch einmal, Masse sein heißt unter den hier geklärten Prämissen, sich unterscheiden, ohne daß es einen Unterschied macht. Differenzierte Indifferenz ist das formale Geheimnis der Masse und ihrer Kultur, die eine totale Mitte organisiert. Deren Jargon kann darum kein anderer sein als der eines abgeschliffenen Individualismus. Wenn wir schwören, daß alles, was wir tun, um anders zu sein, in Wahrheit nichts bedeutet, dürfen wir tun, was immer uns in den Sinn kommt. »Kultur heute schlägt alles mit Ähnlichkeit.«[57] Nur darum haben wir uns im Laufe des vergangenen halben Jahrhunderts von einer schwarzen oder molaren Masse zu einer bunten molekularen wandeln können. Die bunte Masse ist jene, die weiß, bis wohin man zu weit gehen darf – bis an die Schwelle zur vertikalen Unterscheidung. Weil wir im egalitären Raum füreinander objektiv nicht herausfordernd sind, schauen wir uns gegenseitig bei unseren Versuchen, uns interessant zu machen, mehr oder weniger amüsiert oder verächtlich zu. Die Massenkultur setzt das Scheitern alles Sich-interessant-Machens, und das heißt Sich-besser-als-andere-Machens, voraus. Und dies zu Recht, denn es ist ihr Dogma, daß wir uns nur unter der Voraussetzung voneinander unterscheiden, daß unsere Unterschiede keinen Unterschied machen. Masse verpflichtet.

Eine einfache Erinnerung zeigt, warum die Moderne auf Indifferenz setzt: Wäre die Quelle unserer Unterschiede transzendent, sähen wir uns also durch Gott oder die Natur objektiv und normativ im Sinne von höher und tiefer unterschieden, dann wären unsere Differenzen vor uns eingerichtet worden und wir

57 Theodor W. Adorno, Gesammelte Schriften 3, Dialektik der Aufklärung. Philosophische Fragmente, Frankfurt 1984, S. 141.

könnten sie nur finden, respektieren, ausarbeiten, überhöhen; allein Satanisten lehnten sich, lang ist es her, gegen die objektive Ordnung des Wesens- und Stufenkosmos auf. So zu denken, war dem Mittelalter vorgegeben und dem Zeitalter der bürgerlichen Klassik noch fast natürlich. Die ständische Gesellschaft brauchte ontologische Vorgaben für ihre Hierarchien und Ausgrenzungen. Jetzt aber, nach dem großen Aufbruch in die Gleichheit und die Neuformbarkeit von allem, wollen und sollen wir vor unseren Unterschieden da sein, sofern diese durchwegs gemacht, nicht gefunden sind. Die Priorität unserer Existenz vor unseren Eigenschaften und Werken setzt die Indifferenz als erstes und einziges Prinzip der Masse in Kraft.

Wo aber die Masse und ihr Indifferenzprinzip den Ausgangspunkt bilden, dort blockiert sich das moderne Streben nach Anerkennung durch sich selbst, weil unter diesen Bedingungen Anerkennung nicht mehr Hochachtung oder Würdigung bedeuten kann, sondern – der Ausdruck fehlt in unserer Sprache – Tiefachtung oder Gleichachtung im neutralen Raum, gerechte Zubilligung einer niemandem abzustreitenden Unerheblichkeit. Man meidet wohl, solang man kann, die Einsicht, daß Gleichachtung und Hochachtung sich gegenseitig ausschließen. Aber die atmosphärischen Evidenzen sprechen für sich: Der allgemeine Kampf um Anerkennung oder auch nur um Vorzugsplätze erzeugt ein vergebliches Werben um einen banalen Souverän, der keine Anerkennung zu vergeben hat, die mehr wäre als ein zufälliger Applaus – um jene unspezifische Öffentlichkeit, die sich die allgemeine nennt und von der wir jetzt wissen, daß sie als imaginäres Plenum der Nicht-Unterschiedenen verfaßt ist. Wer vor diesem Forum reüssiert, kann nicht mehr sicher sein, ob sein Erfolg an alten Hochachtungsideen gemessen nicht verächtlicher ist, als jeder Mißerfolg es sein könnte. Trostlos ist in dieser Lage die konform ausgeübte Rolle der Kritik. Sie findet, traurig eingefügt in ihren Spielraum, mehrheitlich alles gut und sehr gut, was keine besonderen Erfolge erzielt bei dem Versuch, sich vorteilhaft zu unterscheiden, während sie das real Besondere instinktsicher aussondert und mit Herablassung aburteilt, oder vielmehr, da sie das Überlegene von unten anvisiert, mit schneidender Heraufíassung.

Warum das nicht anders sein kann, verstehen wir im Blick auf die erläuterten Prämissen. Nachdem Gott tot und die Natur als Konstrukt entlarvt ist, fallen die einzigen Instanzen aus, die gültige Ausnahmen hätten machen können. Gottes Ausnahmen offenbarten sich als Fälle von Gnade, die Ausnahmen der Natur als Monstren oder Genies. Wer sich die unzeitgemäße Mühe machen wollte, die Traktate der Doktorenzeit über die Gnade aufzublättern, würde den Befund bestätigt sehen, daß die mittelalterlichen Reden über die Charismen, die Ausnahmen von Gottes Gnaden, das am weitesten ausgereifte System darstellen, das je ersonnen wurde, um die rätselhaft tiefen Unterschiede zwischen Menschen auf transzendente Gründe abzubilden. Die Gnaden waren die Ausnahmegesetze eines Gottes, der nicht nur regierte, sondern auch herrschte bis ins kleine Detail. Kraft dieser Gesetze wurden die Unterschiede zwischen den Menschen, die verfügbaren wie die unverfügbaren, in einem Rahmen höchster, doch dunkler Sinnvermutungen zu lebbaren Gegebenheiten abgeklärt. Obwohl alle Wesen unter Gott im Status der Kreatürlichkeit geeint und insofern gleich erschienen, gaben heilige Helden die Aussicht frei auf ein undurchdringliches System höchstinstantiell verfügter Ausnahmen. Mit seinem Vorrecht, Gnaden zu gewähren und vorzuenthalten, wies Gott alle Gleichheitserwartungen im sozialen Sinn zurück und mutete den Gläubigen zu, sich damit abzufinden, daß auf dunkle Weise in der Ungleichkeit die höhere Gerechtigkeit erschien. Ohne dieses majestätische Rätsel der Ungerechtigkeit wäre der Christengott von Anfang an nicht mehr als eine humanistische Attrappe gewesen. Ein Rest dieses Numinosums wird noch heute in den irrationalen Momenten des Kunstmarkts verspürt, der die einen unfaßbar überhöht und die anderen in die Nacht der Unverkäuflichkeit stößt. In der alten Ordnung wurden auch gerade die höchsten Talente als Ämter unter Gott gedeutet, Ämter, die ihren Inhabern zu treuer und steigernder Verwaltung anvertraut waren. In ihnen wurde sichtbar, wie Dienst und Gnade konvergierten. Die mittelalterliche Kultur war multicharismatisch – so wie die moderne multiprätentiös ist.

Ich will an dieser Stelle nur auf eine unausweichliche Folge aus der modernen Schwächung der Unterschiede hinweisen. Auch die zeitgenössische Gesellschaft kommt nicht umhin, in allen möglichen Bereichen Wertskalen, Ränge, Hierarchien auszubilden – als bekennende Wettbewerbsgesellschaft kann sie nicht anders. Aber sie muß ihre Plätze unter egalitaristischen Prämissen vergeben – sie ist dazu verurteilt, anzunehmen, die Wettbewerber wären unter gleichen Prämissen gestartet. Man möchte sich darauf verlassen, daß der Unterschied zwischen Siegern und Verlierern auf den Märkten und in den Stadien keine Wesensunterschiede bezeugt oder bewirkt, sondern immer nur eine revidierbare Rangliste darstellt.

Hier kündigt sich ein historisch beispielloser psychopolitischer Kraftakt an: der Versuch, agile, eifersüchtige, anspruchsbewegte Massen, die sich in permanenten Wettbewerben um Vorzugsstellungen abarbeiten, vor dem Absturz in drohende Verliererdepressionen zu bewahren. Ohne eine ständige Anstrengung, die Plazierten abzufinden, würde eine Gesellschaft aus subjektivierten Massen an ihren endogenen Neidspannungen zerbrechen. Sie würde zersprengt vom Haß derer, bei denen das zivilisierende Verfahren scheitert, das darauf aus ist, unplazierbare Besiegte in plazierbare Verlierer umzuwandeln. Daher müssen in der modernen Gesellschaft der Sport, die Finanzspekulation und nicht zuletzt der Kunstbetrieb zu immer bedeutsameren psychosozialen Regulatoren werden, denn in den Stadien, an den Börsen und in den Galerien plazieren sich die Konkurrenten um Erfolg und Anerkennung durch ihre Ergebnisse weitgehend selbst. Weil solche Plazierungen selbstmitbewirkte Unterscheidungen sind, wirken sie haßreduzierend, wenn auch nicht versöhnend. Sie heben den elementaren Neid nicht auf, aber sie geben ihm eine Form, in dem er sich bewegen kann. Sie legitimieren die Kritik als Besprechung der Vorneliegenden durch die Übertroffenen – diese unverzichtbarste Instanz der sozialen Ventilation. Plazierungen dienen der Informalisierung von Status und machen geschichtete Sozialsysteme vertikal beweglich. Sie heben das alteuropäische Hierarchiedenken in zeitgenössisches *ranking* auf.

Nirgendwo ist dies so wünschenswert und zugleich so riskant wie im sogenannten Kultursektor und seinem Betrieb – wünschenswert, weil unter aktuellen Bedingungen das künstlerisch Neue wie nie zuvor auf einen günstigen Empfang bei seinen Interessenten hoffen darf; gefährlich, weil das Zerfließen der Kriterien die Künste immer näher an die Nihilismusschwelle heranführt und überdies die Werke selbst, die in steigender Überzahl entstehen, bis an die Müllgrenze rückt, und über sie hinaus. Zwar kommt es im modernen Kunstsystem – wie in der avancierten Demokratie überhaupt – darauf an, das Erbe von feudaler Affektivität, zumal die Unterwürfigkeit und das falsche Lob, auszuschalten, aber doch so, daß dabei die vertikalen Gefühle, der Sinn für höher und tiefer, für wertvoller und minder wertvoll in einem informellen Feld diskret regeneriert und bei ständiger Offenheit für das Neue hinreichend zuverlässig wiederverkörpert werden. Die Wertschätzungen des künstlerisch Vorzüglichen oder Bemerkenswerten in der demokratischen Situation vollziehen sich unvermeidlich auf eine Weise, die Einklagbarkeit und Objektivierbarkeit nicht kennt, und dennoch müßte, wenn in diesen Dingen der Takt verloren geht, das Unterscheiden und Wertempfinden insgesamt sich auflösen.

Unter diesem Gesichtspunkt betrachtet, ist das zu Recht oder Unrecht so genannte »Projekt der Moderne« mehr denn je eines der bewundernswertesten Unternehmen, das in der Geschichte der Menschheit zu beobachten war. Dies gilt nicht zuletzt im Hinblick darauf, daß die Demokratie auf eine beispiellose anspruchsvolle Weise an die Diskretion ihrer Mitglieder appelliert – an Diskretion im doppelten Sinn des Worts, als Unterscheidungskraft und als Taktgefühl, als Sinn für ungeschriebene Rangverhältnisse und als Respekt für informelle Ordnungen des Guten und des weniger Guten – bei ständiger Rücksicht auf

Gleichheitsbedürfnisse und Vergleichungsgewohnheiten.

Die Wendung zum Informellen enthält das ganze Abenteuer der Kultur unter modernen Bedingungen. Die feudale und ständische Welt konnten in diesen wie in anderen Dingen das meiste über Federbüsche, Wappen, Üblichkeiten regeln; was Ränge und Vorzüge anbetraf, war alles auf Sichtbarkeit und öffentliche Markierung angelegt. Kultur in der Demokratie lebt von einer unsichtbaren Heraldik. Sie setzt die Bereitschaft der Citoyens zur unerzwungenen Anerkennung des höheren Potentials, des geglückten Versuchs und der beharrlichen Anstrengung voraus. Was aber auch immer heute im Feld des Kulturellen »verdient« wird – es gibt hier keine objektive Währung und keine Guthaben, die vor Umwertung, Inflation und Fälschung sicher wären. Auch die bedeutendsten unter den lebenden Künstlern könnten nicht förmlich gegen eine Gesellschaft klagen, von der sie glauben, daß die ihrer Leistung nicht gerecht wird. Sie bleiben darauf angewiesen, daß das System der informellen Diskretionen, das in Jahrzehnten der Geduld und der ständigen Kunstanspannung wächst, das Wissen vom Niveau, der Sinn für die Nuance, in den neu hinzukommenden Mitspielern des Kulturspiels sich hinreichend lebhaft wieder verkörpern.

Auf diesem Feld nehmen in jüngster Zeit – aber wie angedeutet von weit her kommend – Taktfehler, Entgleisungen, Enthemmungen und Verplumpungen auf beunruhigende Weise zu. Das ist es, was ich mit meiner Polemik gegen das »Münchener Symptom« im Februar 1999[58] aus aktuellem Anlaß angedeutet habe. Ginge es dabei nur um die übliche Generationendia-

58 Süddeutsche Zeitung, 15. Februar 1999.

lektik und um Eklateffekte, mit denen Talente debütieren, so wäre dazu weiter nichts zu sagen. Aber was auf dem Spiel steht, betrifft nicht mehr so sehr die Kunst als solche und ihre konfliktbewegte Verjüngungsdynamik, sondern ihre neueren Betriebs-, Verwertungs- und Verwaltungsformen. Sie wollen jetzt allesamt den Herren machen und nicht länger dienen, die Leporelli auf den Stufen des öffentlichen Dienstes, ob sie Kulturreferenten sind oder andere Ämter selbstbedienend ausüben. Die Manager, die Moderatoren und Rezensenten haben sich fast überall auf Kosten der Kreativen nach vorn gedrängt und lassen sich als die eigentlichen Schöpfer feiern.

Ich sehe in all dem Spuren eines immer selbstsicherer werdenden Hasses gegen die Ausnahme, die noch eine Ausnahme im älteren Sinne darstellt, Spuren eines Grolls gegen das, was in seiner Art nie zu ersetzen sein wird und was man eben darum erst recht so rasch und würdelos wie möglich ersetzen will – weil nur das Austauschbare die Norm der Indifferenz erfüllt; darüber hinaus auch Spuren einer verlegenen Verzweiflung, die sich regt angesichts von allem, was an das verlorene Reich der Gnade erinnert. Vielleicht sollte man es, so wenig opportun es sein mag, noch einmal sagen: In der Welt nach der Gnade war die Kunst das Asyl der übriggebliebenen Ausnahmen. Sie war ein Feld im abendlichen Himmel, in dem von Zeit zu Zeit ein tanzender Stern aufging. Wen wundert es nach der vorgetragenen Analyse, wenn die entschlossen vorrückende Einheitskultur, die nur noch beliebige Differenzen vor dem Hintergrund von Ununterschiedenheit gelten lassen kann, jetzt Anstalten trifft für ihre nächsten Schläge in dem unbefristeten finalen Feldzug gegen das Außerordentliche?

Meine Damen und Herren, Emile Cioran hat einen Band mit Essays über Autoren der Vergangenheit und des 20. Jahrunderts mit dem Titel *Exercises d'admiration* überschrieben. Ich gestehe, ich kenne keinen Ausdruck, der die Funktion eines Kulturarbeiters in unserer Zeit vollkommener artikulieren könnte als diese prägnante, bescheidene, intelligente Formel. Bewunderungsübungen – tatsächlich geht es bei allem, was die Kultur, wie ich sie hier verstehe, ausmacht, um eine Anstrengung, durch Maßnehmen am Bewunderswerten nicht ganz die Höhe zu verlieren. Objektbezogene Bewunderung gewährt auch dem Talent, dem wir nicht gleichen, Asyl. Sie ist ein freiwilliges Leiden an Werken, die wir selbst nicht hervorzubringen vermöchten, und wenn wir sechsunddreißig Leben hätten. Sie ist Offenheit für das Aufleuchten der unverfügbar größeren Differenz. Mit alledem ist sie das Gegenteil jener Kritik, die sich in der totalitären Mitte sammelt und nur lobt, was wie diese ist. Allenfalls wäre Ciorans Wendung um den Ausdruck Provokationsübungen zu erweitern. Allein durch Herausforderung entstehen Anlässe, sich nicht noch weiter sinken zu lassen.

Kultur in dem normativen Sinn, an den zu erinnern nötig ist wie nie zuvor, umfaßt den Inbegriff von Versuchen, die Masse in uns selber herauszufordern, sich gegen sich selbst zu entscheiden. Sie ist eine Differenz zum Besseren, die es, wie alle relevanten Unterscheidungen, nur gibt, sooft und solange sie gemacht wird.

Nachbemerkung

Der voranstehende Essay geht auf einen Vortrag zurück, den ich als Gast der Bayerischen Akademie der Schönen Künste am 1. Juli 1999 in München gehalten habe. Ich danke dem Präsidenten der Akademie, Professor Wieland Schmied, sowie den Mitgliedern und Gästen jener Vortragsveranstaltung für die freundlich-kritische Aufnahme meiner Darlegungen. Ich habe auch zahlreichen Hörern und Lesern des Manuskripts zu danken, die mir mit ihren Kommentaren und Einwänden geholfen haben, das zur Sprache gebrachte Problem genauer zu verstehen und besser zu formulieren.